I0029863

PROCÈS

DE

MATHURIN BRUNEAU,

SE DISANT

LOUIS XVII,

Par-devant le Tribunal de Police correctionnelle de Rouen.

(Extrait du Moniteur.)

MARSEILLE,

DE L'IMPRIMERIE D'ANTOINE RICARD,

IMPRIMEUR DU ROI ET DE LA PRÉFECTURE.

1818.

Les exemplaires voulus par la loi ont été déposés au Secrétariat général de la Préfecture des Bouches-du-Rhône.

MATHURIN BRUNEAU, Sabotier, Né à Vezins, département de Maine-et-Loire, le 10 Mai 1784.

PROCÈS

DE

MATHURIN BRUNEAU.

LOUIS, PAR LA GRACE DE DIEU, ROI DE FRANCE ET DE NAVARRE, à tous présens et à venir, salut :

La deuxième section du tribunal civil de Rouen a rendu l'ordonnance qui suit :

Cejourd'hui, jeudi, quatre décembre mil huit cent dix-sept, en la chambre du conseil de la 2.me section du tribunal civil, présidée par M. Adam, vice-président, où siégeaient MM. Blétry et Verdières, juges, assistés de M.e Eustache Robilly, greffier-audiencier, en exécution de l'article 127 du code d'instruction criminelle, M. Verdières, juge d'instruction pour la partie orientale de cet arrondissement, a rendu compte du procès par lui instruit, conformément à ses attributions, cejourd'hui, les premier, deux et trois de ce mois, contre 1.° Mathurin Bruneau, âgé de trente-trois ans sept mois, né au bourg de Vezins, canton de Chollet, arrondissement de Beaupréau, département de Maine-et-Loire, n'ayant point de domicile certain ni moyens de subsistance, et n'exerçant habituellement ni métier ni profession, écroué dans la maison de justice de Rouen sous le nom de

Charles-Mathurin Phelippeau; 2.° Pierre Tourly, âgé de quarante-deux ans, né à la Landelle, arrondissement de Beauvais, département de l'Oise, ancien huissier, détenu dans la maison centrale de Gaillon, condamné, le 12 novembre 1815, à dix années de réclusion; 3.° Etienne-Augustin Vignerat, né en la commune de Breauté, département de la Seine-Inférieure, âgé de cinquante-quatre ans, fabricant de rouenneries, demeurant à Rouen, rue du Renard, n.° 55, contumax; 4.° Gabriel-Louis Branzon, âgé de cinquante ans, né à Rochefort, département de la Charente-Inférieure, ancien régisseur de l'octroi de Rouen, détenu dans la maison de détention, condamné, par arrêt du 6 février 1816, à cinq ans de travaux forcés; 5.° Anne-Flore-Félicité Lamerault, femme de Louis Morin, employé à la mairie de Rouen, âgée de quarante-deux ans, née à Rouen, y demeurant, rue des Augustins, n.° 13; 6.° Rose Avenel, femme de Pierre-Nicolas Dumont, marchand de tuiles, âgée de cinquante-trois ans, née à Gonfreville-Caillot, arrondissement du Hâvre, demeurant à Rouen, rue Ganterie, n.° 46; 7.° Pierre-Aulien-Grégoire Moutier, banquier, demeurant à Fécamp, contumax; 8.° le S.r Foulques Gentil, homme soi-disant ancien lieutenant-lonel, demeurant vers Falaise, contumax; 9.° le r Matouillet, prêtre, âgé d'environ cinquante, ayant demeuré à Rouen, rue des Bonfans, face la rue Dinanderès, contumax; 10.° la ne Jacquière, âgée de cinquante ans environ, demeurant à Paris, aussi contumace.

Ouï le rapport de M. Verdières, lecture faite des pièces ensemble des conclusions écrites du procureur du Roi.

Attendu, que la prévention d'un attentat ou

d'un complot ayant pour but de changer l'ordre de successibilité au trône n'est pas établie, mais qu'il résulte de l'instruction que ledit Mathurin Bruneau est prévenu de s'être fait remettre ou délivrer, en faisant usage de faux noms et de fausses qualités, des sommes d'argent, des meubles et des comestibles, et d'avoir, par ces moyens, escroqué partie de la fortune d'autrui; qu'en outre, Mathurin Bruneau est vagabond, et que les faux noms et les fausses qualités qu'il s'attribue étant ceux du Roi de France et de fils de Louis XVI, intéressent jusqu'à certain point la sûreté intérieure de l'état, circonstances qui peuvent donner lieu au renvoi sous la surveillance de la haute police; que Tourly, Branzon, la femme Dumont et l'abbé Matouillet sont prévenus d'avoir coopéré et participé aux escroqueries dont Mathurin Bruneau s'est rendu coupable, en le soutenant dans ses prétentions, en le désignant comme étant véritablement Louis XVII, et en obtenant, en son nom, de la crédulité de diverses personnes, des sommes d'argent et effets; qu'il n'existe aucune charge contre Vignerat, la femme Moutier, le sieur Foulques et la femme Jacquière, qui puisse établir la prévention qu'ils se soient rendus coupables ou complices de ces escroqueries; qu'il n'existe également aucunes charges contre le sieur Dumont, propriétaire, ni contre la fille Digard, laitière, demeurant l'un et l'autre à Rouen, contre lesquels des mandats de comparution ont été décernés; vu les articles 49, 57, 59, 60, 270, 271, 282 et 405 du code pénal, et les articles 130 et 128 du code d'instruction criminelle, la chambre renvoie Mathurin Bruneau, Pierre Tourly, Gabriel-Louis Branzon, Rose Avenel, femme de Pierre-Nicolas Dumont, et l'abbé Matouillet, devant le tribunal correctionnel, pour y être jugés conformément à la loi; ordonnons qu'ils seront cités à comparaître audit tribunal au jour qui sera fixé par M. le président; et qu'il n'y a lieu à poursuite contre Etienne-Augustin Vignerat, Anne-Flore-Félicité Lamerault, femme de Louis Morin, Pierre-Aulien-Grégoire Moutier, le sieur Foulques et la femme Jacquière, Adrien-Pélagie-Romain Dumont, et Marguerite Digard; en conséquence, les délie de tous mandats de justice, et ordonne que ladite femme Morin sera mise sur-le-champ en liberté, si pour autre cause elle n'est détenue; donne acte au procureur du Roi de ses réserves expresses de requérir par la suite ainsi et contre qui il appartiendra, même contre les dénommés ci-dessus, si il échoit pour raison du crime de distribution et affiches du placard séditieux, dont plusieurs exemplaires sont au procès. Mandons et ordonnons, etc.

M. Daussier, procureur du Roi, s'est exprimé à-peu-près en ces termes :

« Messieurs, nous touchons enfin au dénouement d'une pièce assez curieuse, à la vérité, mais qui ne mérite en aucune façon les honneurs de la célébrité. Elle n'est, au fond, qu'une farce misérable qu'a voulu jouer un imposteur ignorant, un aventurier privé de moyens physiques et moraux, un être enfin qui, depuis sa plus tendre enfance, n'a eu d'existence et d'asile que ceux que lui ont procuré, soit la personne charitable et sensible qu'il a pu tromper, soit la police répressive des délits de vagabondage et d'escroquerie.

» Les débats vous apprendront, Messieurs, que, dès l'âge de onze ans, Mathurin Bruneau eut la hardiesse de se dire le fils du seigneur de son village, et de se parer du titre de baron de Vezins :

vous le verrez jouer, en 1795, la première scène de sa vie errante et vagabonde.

» Admis chez Mme la comtesse de Turpin Crissé, dont il trompa la bienfaisance; renvoyé, au bout d'un an, pour sa mauvaise conduite, reçu de nouveau chez cette dame par commisération, renvoyé définitivement au bout de six mois, il nous dérobe sa vie pendant quelques années, et nous le retrouverons, en 1803, dans la maison de répression de Saint-Denis, près Paris, où il fut écroué comme sans asile et imbécille.

Mathurin Bruneau. Oh! je ne suis pas imbécille.

M. le procureur du Roi. Sorti de la maison de répression quelques jours après, Mathurin Bruneau s'engagea dans le 4.e régiment d'artillerie de la marine, en qualite de canonnier aspirant, et s'embarqua à Lorient, comme le prouve une attestation du ministre de la marine; il déserta, à Norfolk, de la frégate *la Cybèle*, et c'est dans le Nouveau-Monde qu'il faut suivre le cours de ses exploits. Quels témoins aurons-nous de ses nouvelles aventures dans des climats si éloignés?

» Il a fallu, pendant quelque temps, se contenter de ses propres récits, et l'on croira sans peine qu'il s'y est donné libre carrière.

» D'après les contes qu'il a débités à plusieurs des témoins ici présens, il prétendait qu'il avait épousé la fille d'un riche milord, laquelle était décédée aux Etats-Unis, après l'avoir rendu père de plusieurs enfans.

» Dans la prison de Bicêtre, à Rouen, il mystifia ses codétenus et ses gardiens, en se prétendant volé, 1.° d'une bague composée de deux diamans précieux, lesquels diamans provenaient, selon lui, *d'un régent;* oui, Messieurs, c'est son expression , *d'un régent*, et dont lui avait fait cadeau *la princesse Charlotte du Brésil.*

» J'ai recueilli ces paroles remarquables dans un de ses interrogatoires :

» J'ai l'air d'un paysan, mais j'ai été *coronel* » dans l'Amérique espagnole; et avant capi- » taine de génie , sous les ordres du *coronel* » Williams, aux Etats-Unis, etc., etc. »

» En septembre 1815 , il débarque à Saint-Malo , muni d'un prétendu passeport américain , sur lequel il est désigné sous le nom de *Charles de Navarre*, *citoyen des Etats-Unis.*

» De Saint-Malo, il se dirige sur Nantes ; de là , il suit les bords de la Loire jusqu'à Varesnes sous Mont-Sorreau , arrondissement de Saumur.

» C'est-là que le gendre d'un lord, qu'un capitaine de génie, un *coronel* enfin , comme il a osé le dire, entre modestement en pauvre piéton dans une petite auberge située sur la route de Nantes à Paris. Il était vêtu d'une veste de nankin, d'une culotte à voile de marin, et *sans bas.*

Mathurin Bruneau. Si on peut dire çà! j'ai toujours eu des bas.

M. le procureur du Roi. Après avoir été quelque temps dans le département de Maine-et-Loire, avoir commis plusieurs escroqueries dans la famille Phelippeau , qui paraîtra tout entière à l'une des prochaines audiences, Bruneau fut arrêté à Saint-Malo. Bientôt il tenta de s'évader de la prison, et il écrivit au gouverneur de l'île de Guernesey , en le priant d'informer S. M. Britannique que le fils de Louis XVI était dans les fers. Cette lettre était signée *Dauphin Bourbon.*

» La lettre fut interceptée, et Mathurin Bruneau dirigé sur Rouen ; c'est là qu'il trouva , à la maison de détention, des condamnés qui l'aidèrent de leurs conseils, et cherchèrent à lui conquérir au-dehors des affidés ; il arriva au mois de janvier 1816, dans l'accoutrement le plus modeste: un écu de 5 fr. formait alors toute la cassette du prétendu Louis XVII.

» Loin de se laisser abattre par la détresse, il ne tarda pas à découvrir dans la maison un atelier où il sait qu'il ne sera pas déplacé...... ; il se met à creuser des sabots, et trahit par-là le secret de sa naissance.

» Bientôt le soi-disant Charles de Navarre trouva une dupe : le nommé Vignerat vint voir, avec un respect comique, cet intrigant, lui baisa la main, le prit pour Louis XVII, et se crut trop heureux en lui laissant plusieurs pièces d'or. Cet argent fut employé par Bruneau à solder un nommé Larcher, détenu comme lui, qui fit plusieurs proclamations. Ce misérable est mort au milieu des flammes, victime de sa propre imprudence, ou peut-être d'un crime nouveau qu'il avait médité en mettant le feu à la paille de son cachot; au reste, il était passé maître en fait d'impostures; il exerçait le sacerdoce sans en avoir le droit : un faux prêtre était bien digne d'être à la solde d'un faux roi. Tourly copie avec profusion tous ces actes, et cette presse vivante multiplie ainsi le scandale et l'imposture.

» Venons maintenant à Mme Dumont. Elle va voir le prisonnier : il est bien vêtu, bien nourri; il fait sonner des écus dans son gousset; on l'apelle monsieur. Ni son ivroguerie, ni ses juremens n'empêchent point cette femme de lui témoigner de l'intérêt. Mme Dumont paie les dépenses: le concierge de Bicêtre, destitué, a déclaré avoir reçu 12 à 1500 francs de Mme Dumont : il est demeuré constant qu'elle n'épargnait rien pour grossir le nombre des affidés. On a trouvé un cachet sur lequel était l'exergue pompeux : *Louis XVII*, *Roi des Français*. La liste civile s'alimentait avec abondance. Branzon s'associe au projet de M. Charles; ils s'enferment pour travailler. Libois se prêtait à ces conférences égayées par de bons repas; ces repas étaient quelquefois des festins : le plat de petits pois, que l'on a coutume de servir le vendredi-saint à la table du Roi, était servi sur celle de Bruneau, et Branzon profitait de ces bonnes aventures. Il est vrai que tout n'était pas plaisir pour lui : plus d'une fois Bruneau le frappa ; et le confident porta souvent sur sa figure les marques sanglantes de la puissance de son maître.

» Vous voyez, a dit M. le procureur du Roi, en finissant son exposé, tracé avec autant d'ordre que de clarté, vous voyez quel est l'homme qui a voulu se donner pour un personnage auguste; tout décèle la bassesse de son âme, bien plus encore que celle de son origine : en le voyant, en l'écoutant, la crédulité la plus opiniâtre doit être désabusée, et les débats vont achever de confondre l'imposteur. »

Plusieurs témoins ont été entendus et ont déclaré reconnaître Mathurin Bruneau. L'accusé a répondu par des dénégations et des divagations. On a retenu ces paroles : Je ne puis vous entendre, M. le président; ma religion n'est pas la vôtre : je suis catholique, apostolique et romain...... Je n'aime pas les jésuites.... Mme de Pompadour a fait bien du mal à la France.... ; on a trouvé une bible dans un tambourin, sur une balustrade : c'est un fait très-peu connu.....

Ce système de défense tendrait à prouver que l'accusé est aliéné ou feint de l'être.

Six autres témoins doivent être entendus; de ce nombre sont les sœurs et autres parens de l'accusé.

Audience du 11 février.

La foule continue à se porter au palais de justice. Mathurin est toujours le même, grossier, impudent, et sot par-dessus tout. Il voulait hier paraître devant le tribunal la pipe à la bouche ; on l'a prié de se contenter de sa chique. Le premier mot sorti de sa bouche, en entrant dans la salle d'audience, fut une sale injure aux dames présentes et aux autorités qui le jugent.

La séance ouvre à neuf heures trois quart. M. Isabel, président, ordonne l'appel de la cause.

Le sieur Quinut (de Vezins). Il y a deux ans, le bruit se répandit dans le pays que le prétendu baron de Vezins venait d'arriver ; tout le monde reconnut Bruneau. Il me demanda si je voulais le conduire à Saint-Aubin-Vauvigny ; j'y consentis : nous montâmes à cheval et nous fîmes route. A moitié chemin environ, il me fit prendre le chemin de Chanteloup, me disant qu'il voulait parler à la dame Cassins ; je le conduisis chez la dame Cassins, aubergiste à Chanteloup. Il prit cette dame à particulier, dans un appartement voisin ; je ne sais de quoi il l'entretint ; nous soupâmes et couchâmes dans l'auberge ; l'accusé paya ma dépense, me donna six francs pour ma peine, et nous nous séparâmes.

Bruneau, invité de faire ses observations sur la déclaration du témoin, répond qu'elle est exacte.

M. le président à Bruneau. Quel a été l'objet de votre conférence avec la dame Cassins ?

Bruneau. Je voulais lui redemander un sac que j'avais déposé chez elle en 1798. Ce sac renfermait six chemises et une culotte de velours.

M. le président. Vous remit-on ce sac?

Bruneau. Non, parce qu'on ne savait ce qu'il était devenu.

La dame Cassins déclare qu'il y a seize ou dix-huit ans, l'accusé Bruneau se présenta chez elle avec d'autres individus, ses camarades et amis, fit une dépense de 30, 36, ou 40 sous; que son camarade l'appelait, par dérision, *le baron de Vezins;* que Bruneau, ne pouvant payer sa dépense, proposa de laisser son sac en gage, ce que la dame Cassins n'accepta que d'après l'observation que les camarades du premier lui firent, que Bruneau était beau-frère de Delaunay; que quelque temps après, elle invita ce dernier à retirer le sac que son beau-frère avait laissé chez elle, ce à quoi il se refusa, disant *que ce Mathurin Bruneau était un mauvais sujet, et qu'il ne voulait pas entendre parler de lui;* que cependant, quelque temps après, Delaunay paya la dépense, et prit le sac. La dame Cassins ajoute qu'il y a environ deux ans et demi, Bruneau entra chez elle, et demanda si elle le reconnaissait; qu'elle lui répondit que non (il s'était écoulé 14 ou 16 ans); qu'alors Bruneau lui dit: *Quoi! vous ne reconnaissez pas le baron de Vezins?* Ce qui remit le témoin sur la voie, et lui rappela l'homme au sac.

Bruneau déclare que la dame Cassins dit la vérité, excepté en ce qui concerne la dépense, qu'il dit avoir payée; dépense, qui aurait été, selon lui, de vingt sous.

M. le président. Mais si ce n'est pas pour acquitter votre dépense que vous laissâtes votre sac en dépôt chez la dame Cassins, quel était donc le motif de ce dépôt?

Bruneau. Ce sont des affaires particulières; je n'ai pas de compte à rendre.

Le sieur Frimbault, se trouvant, en 1815, à l'époque des vendanges, chez le sieur Quiton, aubergiste, à Varesnes, avec qui il buvait, vit passer l'accusé. Bruneau était vêtu d'une veste courte de nankin, d'un pantalon de toile à voile de navire ; ses pieds étaient nus dans ses souliers. Je dis alors (c'est le sieur Frimbault qui parle) : « Tous nos marins ne sont pas perdus, en voilà » un qui passe. » Je sortis et lui demandai s'il était marin ; il me répondit que non. J'insistai; je croyais le reconnaître comme ayant précédemment travaillé pour moi. Je lui demandai où il allait ; il me répondit : à Varesnes. — Y connaissez-vous quelqu'un ? — Oui, M. Champneuf, chirurgien. — Je m'imaginai alors, continue le témoin, que l'individu était le fils Phelippeau, qui revenait de l'armée ; il m'assura que non. J'arrive à Varesnes avec l'accusé ; nous entrons chez la veuve Phelippeau : l'accusé demande une bouteille de vin, qui fut bue entre cinq ou six personnes. L'accusé s'adresse ensuite à la veuve Phelippeau, qui était occupée à écumer son pot au feu ; il lui demande comment elle se porte, veut l'embrasser, mais elle s'y refuse. À ce moment, elle entend le témoin dire : *C'est lui, c'est lui;* et, dans la maison, qu'il était son fils. Mais le prévenu ne voulant point se déclarer comme étant le fils Phelippeau, le témoin craignit de perdre deux pièces de 6 fr. qu'il avait fait accepter à Bruneau, le croyant le fils Phelippeau ; et ayant fait des menaces à cet égard, les deux pièces de 6 fr. lui furent remises peu de temps après. Le témoin reconnaît parfaitement dans l'accusé Bruneau l'individu dont il vient de parler.

Bruneau reconnaît l'exactitude de la déclaration.

Le sieur Félix Maury, alors adjoint du maire

à Varesnes: Après l'évacuation des prussiens, j'appris qu'il y avait à Varesnes un individu qu'on disait être le fils de la veuve Phelippeau. Je connaissais parfaitement le fils de cette dame, et je me transportai chez elle pour lever ses doutes, car elle était portée à croire qu'elle avait retrouvé son fils, quoique l'accusé n'en convint pas. Je ne reconnus aucunement ce fils dans l'accusé, à qui je demandai ses papiers. Il me remit un *laissez-passer* à lui délivré par un vice-consul des Etats-Unis, signé Dubois et visé à Rennes et Angers; il portait: *Charles de Navarre, citoyen des États-Unis*, sans autre désignation. Dans ces temps de troubles, on ne pouvait observer toutes les formalités. Je n'exigeai rien davantage de l'accusé, d'autant plus que la veuve Phelippeau se portait, pour ainsi dire, sa caution, tant elle lui portait d'intérêt. J'ai su qu'il était resté quinze jours environ chez la veuve Phelippeau, qui l'avait habillé, lui avait donné de l'argent, une montre d'or, enfin l'avait traité comme son fils; j'ai su par la veuve elle-même que l'accusé lui avait écrit ou fait écrire de Saint-Malo pour lui demander de l'argent.

M. le président à Bruneau. Avez-vous écrit ou fait écrire de Saint-Malo à la veuve Phelippeau?

Bruneau. J'ai fait écrire par une vieille femme, ancienne cantinière, qu'on nommait *la Parisienne*.

Bruneau reconnait au surplus que le témoin a dit vrai.

La veuve Phelippeau. Cette femme est un modèle d'honnêteté, de délicatesse, de tendresse maternelle. Pas de petits soins qu'elle n'ait prodigués à l'escroc Mathurin, qu'elle croyait son fils. Il était nu, elle le fait habiller; il manquait d'argent, elle lui en donne autant que ses moyens le lui permettent; elle croit qu'une montre flattera la vanité de celui qu'elle croit son fils, elle en met une dans son gousset pendant qu'il est endormi : mais cette montre est d'argent, Bruneau la dédaigne ; une montre d'or la remplace. L'amour maternel éclate dans toutes les paroles de la veuve Phelippeau. Bruneau lui disait en vain qu'il était *Charles de Navarre* ; le cœur de cette tendre mère repousse un éclaircissement qui détruit une illusion chérie ; elle comble de bienfaits l'ingrat dont les traits lui offrent en partie l'image du fils qu'elle adore, et Mathurin, qui, tout en se faisant appeler *Charles de Navarre*, ou *l'Américain*, avait entretenu cependant, par ses réticences, l'erreur de sa bienfaitrice ; Mathurin, qui n'a paru jusqu'ici qu'un misérable escroc, digne seulement du mépris des hommes, devient un monstre d'ingratitude, et excite encore leur indignation.

Henri Phelippeau, Eulalie Phelippeau, la femme Huet, née Phelippeau, Jean-Baptiste Phelippeau, déposent tous dans le même sens. Sur une observation de M. le procureur du Roi, le dernier témoin déclare que la première fois qu'on lui presenta Bruneau, celui-ci l'aborda en lui pinçant le nez, ce qui parut au témoin *fort insolent.* (On rit dans l'assemblée.) Le témoin ajoute que voulant s'assurer si l'individu était son frère comme on le disait, il voulut le faire lire, attendu que son frère le savait, mais que l'accusé n'en put jamais venir à bout.

M. le président. Bruneau, avez-vous un défenseur ?

Bruneau. Je suis mon défenseur.

Tout bête qu'il soit, Bruneau paraît sentir où le bât le blesse, et voudrait bien qu'on ne vît en lui qu'un malheureux fou. C'est probablement pour parvenir à ce but, qu'il amalgame souvent des mots sans suite et sans liaison, et qu'il parle du *Panthéon*, de la *Bible*, de *Brutus*, de l'*Académie des Sciences de Rome*, de la *Religion catholique, apostolique et romaine.* Il s'énonce, au surplus, d'une manière tout-à-fait distinguée, et dit très-bien : *je commenças ;* il a vu la veuve Phelippeau *alarmantée*, et non pas alarmée ; il fumait sa pipe *médiocrement*, pour dire, sans doute, tranquillement. Nous ne finirions pas si nous voulions rapporter tous les *Mathuriniana.*

Audience du 12 février.

L'audience est ouverte à dix heures. Une foule considérable occupe la salle ; et comme, aux dernières audiences, cette foule n'a pas gardé un silence assez rigoureux, M. le président donne ordre aux gendarmes d'arrêter et de lui amener la première personne de l'auditoire qui rompra le silence.

Le 14e témoin est Réné Prudhomme, de Maisonneuve.

Bruneau. Qui habite une maison vieille.

Ce témoin, qui bégaye d'une manière insupportable, dit, à ce que l'on peut entendre : Je suis parrain de Mathurin Bruneau ici présent.

M. le président. Bruneau, qu'avez-vous à répondre ?

Bruneau. Ce n'est pas mon parrain ; j'ai pour parrain le duc de Brissac, gouverneur de Paris.

Le 15e témoin, Jean Bernard, dit l'Emballé, âgé de 35 ans, fabricant à Cholet : J'ai connu l'accusé dans son enfance ; je fus vingt ans sans le voir, et en 1815 il entra chez moi ; je fus quelque temps sans le reconnaître ; mais à force de le *fisquer*, je lui dis : Tu es Bruneau. Il me dit : Je ne m'appelle *plus* Bruneau ; je suis Charles de Navarre.

M. le président. Vous a-t-il dit : Je ne m'appelle *pas*, ou je ne m'appelle *plus* Bruneau.

Le témoin. Je ne m'appelle *plus*. Il me demanda des nouvelles de mon fils, je lui dis qu'il était absent depuis plusieurs années, qu'il avait servi avec honneur, mais qu'il désirait bien revenir. Bruneau me dit : Soyez tranquille, je le ferai monter en grade.

Bruneau. Oui ! oui ! nous éplucherons tous ces individus-là.

Le 16e témoin, Madeleine Joly, femme Pellerin : J'ai demeuré plusieurs années à Vihiers, vis-à-vis Delaunay, sabotier ; il avait chez lui, en 1796, son beau-frère Mathurin Bruneau, ici présent, qui apprenait l'état de sabotier, et qui, ne voulant pas travailler, recevait plus de *roulées que de morceaux de pain*. (Eclats de rire dans l'auditoire.)

M. le président. Quel âge avait-il ?

Le témoin. Quinze ou seize ans, je ne sais pas au juste.

Bruneau. Je le crois bien, vous n'avez pas vu mon extrait de baptême : je suis né à Versailles.

Le témoin. Vous ! jamais vous n'y êtes né. (Eclats de rire dans l'auditoire.)

Le témoin continuant. En 1815, l'accusé revint à Vihiers, et M. Delaunay me dit : Tenez, reconnaissez-vous cet individu ? Et je dis : Oui, c'est Bruneau. Il me dit : Non, je suis Américain. Je lui dis : Soyez le diable, si vous voulez, mais vous êtes Bruneau. (Eclats de rire dans l'auditoire.)

M. le président. Persistez-vous à dire que l'accusé est Mathurin Bruneau ?

Le témoin. Ah ! je vous réponds que c'est lui, et que ce n'est pas Louis XVII.

M. le président. Ressemble-t-il à quelqu'un de sa famille ?

Le témoin. Comme deux gouttes d'eau, à sa sœur de Saumur.

Le 17ᵉ témoin, Mᵐᵉ Briand, aubergiste à Vihiers. J'ai connu, dès son enfance, Mathurin Bruneau, ici présent, que je reconnais parfaitement. Je l'ai perdu de vue pendant vingt ans ; je l'ai revu en 1815, et je l'ai même très-bien reconnu.

Le 18ᵉ témoin, Claude-Louis Leclerc, âgé de 57 ans, traiteur au Pont-de-Cé, et ancien cuisinier de S. M. Louis XVI, fait la déclaration suivante : En octobre 1815, l'accusé entra dans ma cuisine, et me dit : Me reconnaissez-vous ? Je lui dis : Non, du tout ; quand je vous aurai vu encore une fois, cela fera deux. Comment, me dit-il, vous avez été cuisinier de Louis XVI, et vous ne me reconnaissez pas ? Je suis son fils Louis XVII, Roi des Français ; vous devez vous rappeler que *vous m'avez tiré plus d'une fois les oreilles dans votre cuisine.* Je lui répondis : Est-ce que vous perdez la tête ; si je m'étais permis de tirer les oreilles à mon prince, on m'aurait mis à Bicêtre, et je l'aurais bien mérité. Alors l'accusé me représenta un passeport avec le nom de *Charles de Navarre.* Je lui dis : Dans toute la Famille royale il n'y a personne du nom de *Charles de Navarre* ; d'ailleurs vous ne ressemblez pas plus à un prince de la maison de Bourbon, qu'un verre d'eau à un verre de vin rouge : je les connais tous, puisque j'ai eu l'honneur d'émigrer avec eux.

M. le président. Convenez-vous de ce que dit le témoin ?

Bruneau. Il y a du vrai, mais je ne lui ai jamais parlé du tirement d'oreilles.

Le 19ᵉ témoin, Marie Bourdon, femme Gaudré,

âgée de 52 ans, propriétaire à Vezins. J'ai connu l'accusé dès son enfance, et c'est chez moi qu'on l'a amené quand il fut chassé de chez Mme de Turpin ; il quitta ensuite le pays, et long-temps après, en octobre 1815, il entra chez moi, et me dit qu'il avait passé douze ans à se divertir de tout son cœur, dans les cours étrangères, avec les princes de tous les pays.

Bruneau. Et les princesses ; mais je n'ai pas été chez cette femme.

La femme Gaudré (avec la plus grande force.) Comment, vous avez le front de dire cela ?

Bruneau balbutie quelques mots, et paraît atterré.....

Le 20e témoin, Victoire Prudhomme, femme Jaffard, âgée de 52 ans, aubergiste à Vezins, confirme la déposition précédente.

Le 21e témoin, François Brunet, âgé de 65 ans, taillandier à Vezins. J'ai vu naître cet enfant; il est fils de Mathurin Bruneau, sabotier, mon plus proche voisin. Son père et sa mère sont morts en huit jours. Je l'ai perdu de vue en 1793, à cause de la guerre ; je l'ai revu en 1796, à l'époque du *chouannage*, et, en 1799, à l'hôpital de Vezins. Il s'est absenté ensuite long-temps, et est revenu en 1815. A cette époque, il est entré chez moi, et m'a dit : Bon jour, M. Brunet ; et moi, j'ai dit : Bon jour M. Bruneau. Alors, il m'a conté ses contes; il m'a parlé des princes ; il m'a dit qu'il avait deux cents nègres. Je lui ai répondu : Tant mieux pour vous ; il paraît que cela vous a mieux réussi que d'être le baron de Vezins : vous avez de jolies ruses. Il me dit : Il faut cela.

Bruneau. Dites ce que j'ai dit à M. de Talleyrand-Périgord, archevêque de Reims.

Le 22e témoin, Jeanne Téniers, femme Jourdran,

âgée de 33 ans, marinière au Pont-de-Cé, cousine germaine de Mathurin Bruneau. En 1795, j'avais dix ans ; je me rappelle que Bruneau ayant perdu ses parens, mon père, qui était son oncle, dit qu'il voulait l'adopter.

Bruneau. J'étais comme l'oiseau voltigeant de branche en branche.

M. le président. Vous êtes bien sûr qu'il est fils de Mathurin Bruneau, sabotier à Vezins ?

Le témoin. Très-sûre.

Bruneau. Pierre-le-Grand a bien été charpentier.

Le témoin (continuant). En 1815, il revint chez nous ; nous voulûmes l'embrasser, il ne le voulut pas, et nous dit qu'il était *Charles de Navarre.* Je me mis en colère, et lui dis que c'était bien vilain de renier sa famille, que nous n'étions pas faits pour lui faire déshonneur. Le lendemain nous fûmes ensemble à Angers, à pied ; pendant la route, il me dit toujours qu'il était *Charles de Navarre.* Cela me piqua, et je lui dis : Pourquoi soutiens-tu cela ? Il me dit encore : Tu serais donc bien étonnée, si je vous rendais tous bien heureux, et *si je montais un jour sur le trône de France.* Ma foi je trouvais cela si bête, que je défis mon sabot, et je lui en donnai un coup sur l'épaule, en lui disant : Tu es un sot. Il me répondit : *Toi, t'est un inquerdule.* Quelques jours après, M. Tijou-Gelin, géomètre, paria avec moi 6 francs que l'accusé était le fils Phelippeau ; je pariai que c'était Mathurin Bruneau, mon cousin, et je gagnai, parce que c'est lui.

M. le président. Bruneau, convenez-vous de ce que dit le témoin ?

Bruneau. J'ai vu cette femme-là au Pont-de-Cé.

Jeanne Téniers. Cette femme-là ! ta cousine, malhonnête !

Bruneau. Du reste, je n'ai pas fait grande attention à ce qu'elle a dit; mais il y a du vrai.

Le 23e témoin, Marie Téniers, femme Bazoin, sœur du précédent témoin, fait la même déclaration.

Le 24e témoin, Pierre Gatey, marinier au Pont-de-Cé, beau-frère du précédent témoin, fait à peu près la même déclaration. Sa femme, morte il y a six mois, était persuadée que l'accusé était son cousin Bruneau. Il ajoute que l'accusé fut un jour avec lui à Angers, pour toucher, disait-il, deux billets, l'un de dix mille francs, et l'autre de quinze.

Bruneau. Ce n'est pas vrai.

Le témoin. C'est très-vrai.

M. le président. Êtes-vous très-sûr que l'accusé est votre parent?

Le témoin. Je le crois, d'après ce que m'ont dit mes deux belles-sœurs.

Le 25e témoin, René Delaunay, aubergiste, sabotier à Vihiers, dépose que sa femme lui a toujours dit qu'elle était sœur de l'accusé, et que celui-ci l'a toujours nié.

Bruneau. Vous voyez pourtant la couronne et les écussons.

M. le président. Vous rappelez-vous, témoin, que lorsque l'accusé fut chassé de chez Mme de Turpin, et qu'il vint travailler chez vous, vous lui appliquâtes des corrections?

Delaunay. C'est très-possible; je n'ai que mes bras pour vivre; et quand mes enfans ne se servent pas des leurs pour travailler, je me sers des miens pour les battre.

L'audience a été levée à trois heures, et remise au vendredi 13 février, dix heures du matin.

Audience du 13 février.

La femme Delaunay, née Bruneau, aubergiste et sabotière à Vihiers : Après la mort de mes père et mère, dit la femme Delaunay, nous prîmes chez nous une de mes sœurs et *Mathurin Bruneau*, mon frère et mon filleul, qui apprit à creuser des sabots. Il s'en alla, se fit passer pour le fils du baron de Vezins, revint à la maison, d'où il partit une seconde fois. Nous lui donnâmes, mon mari et moi, un petit bagage, quelques vêtemens, et de quoi subsister quelque temps. Nombre d'années se sont écoulées. En 1815, j'aperçus à Vihiers un individu qui se faisait raser chez un perruquier; je le regardai et le reconnus pour mon frère. Quand il fut sorti de chez le perruquier, j'y entrai, et demandai à la femme qui était ce monsieur qui venait de sortir? Elle me dit qu'elle ne le connaissait pas, et qu'il s'était fâché de ce que je l'avais regardé. Je retournai chez moi; et environ une demi heure après, le même homme s'y présenta et me demanda du vin. Je dis à une de mes filles : Apporte du vin et trois verres, disant à l'individu nous allons boire à votre santé. Je voulus l'embrasser, et lui dis : *Vous êtes mon frère?* Mais il me méconnut, et répondit qu'il était *Charles de Navarre*. C'était un dimanche; il coucha et déjeûna chez moi, voulut payer sa dépense, ce que je refusai parce que je le croyais encore mon frère. Il avait l'air embarrassé et préoccupé. Je reconnais l'individu présent pour être celui dont j'ai parlé dans ma déclaration.

Bruneau parle ici de femme enlevée, et prononce des mots sans suite qui ne produisent aucun sens.

La femme Pellerin, déjà entendue, et confrontée en ce moment à la femme Delaunay, déclare qu'un dimanche, la femme Delaunay lui dit, en lui parlant du prévenu : Reconnaissez-vous cet homme-là (il était chez la femme Delaunay, sa sœur) ? Elle répondit sur-le-champ : C'est *Mathurin Bruneau* votre frère, qui s'est fait passer pour le baron de Vezins ; qu'alors Bruneau se retourna en riant et dit : Je ne suis pas Bruneau, je suis américain ; et qu'elle, femme Pellerin, se retira. La femme Delaunay prétend n'avoir pas connaissance de ce fait ; la femme Pellerin jure, *sur son âme et conscience*, qu'elle a dit la vérité.

M. le président, à la femme Delaunay. Avez-vous eu plusieurs frères ? — Oui, mais ils sont morts jeunes ; je ne les ai pas connus.

La femme Plumel, née Bruneau, épicière à Saumur. (Elle pleure. M. le président l'invite à prendre de l'assurance et à dire la vérité.) — Après la mort de mes père et mère, j'allai, avec Mathurin Bruneau, mon frère, chez mon beau-frère Delaunay. J'y restai peu de temps ; mon frère y resta davantage. J'étais à Saumur, où je me suis mariée. En 1815, le prévenu ici présent vint chez moi un soir ; il était vêtu en marin, et me demanda à coucher. Je voulus voir son billet de logement ; il entra, me fit voir un papier délivré en Amérique pour aller à Saint-Malo. Étant assis auprès du feu, il me demanda en plaisantant si je voulais aller en Amérique ; je lui dis que non, parce que je voyais bien qu'à son habillement on n'y faisait pas fortune. Il me parla ensuite de ma famille, et entra, à cet égard, dans les détails les plus minutieux, ce qui me fit lui demander s'il n'était pas mon frère, à quoi il répondit non ; mais, ajouta-t-il, si j'avais besoin de vous, ne m'aideriez-vous pas ? Je lui dis que s'il était mon frère, je partagerais mon pain avec lui et mes enfans, lui faisant sentir pourtant qu'il fallait travailler. Je l'engageai à souper pour causer tous trois ensemble avec mon mari; il refusa, disant qu'il ne communiquait ses affaires à personne. Il revint le lendemain mieux vêtu. Après quelques propos insignifians, il appela un de mes enfans *son neveu.*

Il y a seize ou dix-huit ans, il écrivit à ma sœur pour lui demander des papiers, attendu qu'il était détenu à Saint-Denis. Je lui envoyai les papiers qu'il demandait, sous le nom de *Mathurin Bruneau*, né à Vezins; j'y joignis deux pièces de six francs, et c'était à mon frère que j'envoyais tout cela.

M. le président à Bruneau. Avez-vous reçu le tout étant détenu à Saint-Denis?

Bruneau. J'étais malade et détenu à Saint-Denis, et j'ai reçu tout ce que j'avais demandé.

M. le président. Lors de votre confrontation avec la femme Plumel, devant le juge d'instruction, et lorsqu'elle se disait votre sœur, et que vous prétendiez n'être pas son frère, la femme Plumel ne se mit-elle pas à pleurer, et vous, ne lui dites-vous pas: *Ne pleures pas, Mathurine?*

Bruneau. Oui.

A cette même confrontation, ne rappelâtes-vous pas à la femme Plumel, qui l'avait oublié, qu'elle vous avait envoyé de l'argent à Saint-Denis?

Bruneau. Oui; je dois à bien d'autres, et je ne nie pas mes dettes.

M. le Président. Vous le voyez, *Bruneau*, vous convenez que vous avez été détenu à Saint-Denis, que vous avez fait demander des papiers sous votre nom de *Mathurin Bruneau*;

vous rappelez même une circonstance que la femme Plumel avait oubliée; et, ce qui met votre imposture dans tout son jour, vous avouez avoir dit au témoin : Ne pleures pas, *Mathurine*; nom qui n'est pas celui de la femme Plumel, mais bien un nom d'amitié qu'on lui donnait dans la famille seulement, et qu'un membre de la famille seul pouvait connaître ?

M. le président à la femme Delaunay. N'est-ce pas à vous que le prévenu s'adressa, de Saint-Denis, pour avoir des papiers ? — Oui, pour le faire sortir de la prison de Saint-Denis, où il était renfermé.

Bruneau (entre ses dents). Par votre ordre, tas de gueux que vous êtes.

La femme Delaunay. Mon mari fit faire le certificat, le fit passer à ma sœur, femme Plumel, à Saumur, laquelle l'envoya à mon frère, détenu à Saint-Denis.

Pendant ce débat, le jour de la vérité est tombé sur Bruneau. La déposition de ses deux sœurs ne peut laisser le plus faible doute aux esprits les moins clairvoyans; et, s'il fallait ici des témoins plus puissans, nous invoquerions la ressemblance étonnante des trois visages. Ce sont les mêmes traits, la même physionomie, la même expression, les mêmes habitudes dans les mouvemens, le même regard; enfin, ce sont le frère et les deux sœurs.

Le sieur Malandrin, sabotier, détenu à Bicêtre. En janvier 1816, on amena à Bicêtre le prévenu ici présent, qui se faisait appeler *Charles de Navarre*.—Bruneau (entre ses dents) : Roi des Français, duc de Provence. — Comme je suis chef de l'atelier des sabots dans cette maison, continue le témoin, il me dit qu'il savait faire des sabots, qu'il avait appris ce métier dans son enfance, et qu'il y avait travaillé du côté de Chollet, d'Angers, etc. Je lui donnai de l'ouvrage et vis bien qu'il savait creuser des sabots, mais non pas les finir. (On se rappelle qu'en effet Bruneau n'en avait pas appris davantage chez son beau-frère Delaunay). Je lui donnais pour sa peine, de quoi avoir du tabac. Il m'a parlé d'une dame Phelippeau comme de sa mère nourrice; il m'a même donné pour elle une lettre que j'ai remise au concierge.

Bruneau extravague encore.

Le sieur Adrien Lefebvre, détenu à Bicêtre, ne dépose rien d'intéressant.

Le sieur Pierre Lefebvre, détenu à Bicêtre. J'ai vu le prévenu à Bicêtre. J'appris qu'on avait mis pour lui des affiches dans la ville, et il répondit que c'était des gens qui lui en voulaient. (*Bruneau*, toujours entre ses dents : Je LEUX avais commandé).

Le sieur Alleau, détenu en mars 1816. Le sieur Vignerat vint voir le détenu, lui donna de quoi s'habiller, et de l'argent, dont trois pièces de 20 francs. Ce sieur Vignerat croyait fermement que le prévenu était Louis XVII. Trois mois après, ce même Vignerat introduisit la dame Dumont auprès de l'accusé. Cette dernière lui a fourni de l'argent en assez grande quantité. Cependant, on se cachait de la dame Dumont pour les écrits qu'on voulait adresser à MADAME, duchesse d'Angoulême ; c'est le sieur Foulque qui s'est chargé de porter pour le prévenu le paquet contenant la lettre à MADAME. La dame Jacquière est aussi venue voir le prévenu, et paraissait persuadée que c'était Louis XVII. Le sieur Matouillet est également venu le voir et lui a parlé fréquemment. Le témoin lui a entendu dire, en parlant au prévenu, qu'il allait à Paris, et qu'il lui apporterait cinq cent mille francs ; que cinq à six jours après, ledit Matouillet revint, et que le prévenu lui dit : Comment, vous ne m'apportez pas ce que vous m'avez dit : si vous aviez été dans la maison que je vous ai indiquée, on vous l'aurait donné.

Le sieur Matouillet répondit que les personnes étaient à la campagne. Les sieurs Branzon et Libois se réunissaient dans la chambre du prévenu, et c'était là qu'on rédigeait les mémoires. Le témoin se rappelle encore que, quand il fut question d'envoyer une lettre à MADAME, Branzon dit: Il faut que je voie si Charles nous trompe, et que je sache enfin ce qu'il est; qu'à cette fin, il proposa à Charles de signer la lettre; qu'il ne put le faire; mais y apposa seulement une croix ou tout autre marque rustique. J'ai vu, dit le témoin, Tourly quitter Larcher, détenu et depuis décédé, lequel s'occupait des Mémoires du prévenu, et entrer dans la chambre de ce même détenu ; mais ceci, antérieurement à l'arrivée de Branzon dans la maison de détention. J'ajoute que, quand le sieur Libois sollicitait Branzon de rédiger les mémoires du prévenu, Branzon a répondu : Je n'ai pas besoin de m'exposer.

Ce ne fut que trois semaines ou un mois après, que Branzon céda.

Le sieur Sicot, cuirassier au premier régiment de la Reine. Etant à l'infirmerie de Bicêtre avec le prévenu ; ce dernier me fit part de ses prétentions au trône, me demanda si j'aimais le Roi, et s'il y avait beaucoup de militaires dans la maison. Il m'engagea à prévenir mes camarades, et qu'il aurait soin de moi. A la fin d'avril ou au commencement de mai, je reçus par la petite poste une lettre signée Charles, où était répété tout ce que le prévenu m'avait dit dans la prison.

Bruneau ne reconnaît point le témoin, et dit qu'au surplus il gouvernait le royaume un peu mieux qu'il ne l'avait été depuis long-temps.

Le sieur Vignerat, ancien fabricant, maintenant cordonnier. J'appris par les journaux qu'on avait déposé dans la maison de détention, un jeune homme qui se disait Louis XVII; je voulus le voir, et m'introduisis dans la maison comme pour acheter des sabots : je l'ai vu et lui ai parlé. Je le reconnais très-bien. Le prenant pour Louis XVII, je lui donnai de quoi s'habiller et trois pièces d'or de 20 fr. Il a été trouvé chez moi des lettres, une empreinte de cachet aux armes de France, et une prophétie de St Césaire que je conservais depuis plus de vingt-cinq ans. J'ai remis moi-même à la poste une lettre pour MADAME, qu'il disait être sa sœur.

Bruneau. C'est vrai. Pourquoi mes oncles et ma sœur ne se présentent-ils pas ?

La dame veuve Morin. Appelée par le sieur Branzon pour lui rendre quelques légers services, je me rendis à la maison de détention. J'appris que l'accusé présent y était et qu'il se disait Louis XVII; je fus curieuse de le voir, et, par l'entremise du sieur Branzon, je parvins à lui parler. Son langage peu soigné me fit d'abord repousser l'idée qu'il fût ce qu'il disait être. Je continuai pourtant à l'aller voir et à lui parler, et, d'après les détails qu'il me donna de sa vie, j'eus l'idée qu'il pouvait être le fils du feu Roi. J'ai vu à Bicêtre, une fois, la dame Jacquière, deux fois la dame Dumont, une fois Vignerat. Devant aller à Paris pour mes affaires, le prévenu me pria de prendre une lettre et de la faire remettre à MADAME. Je pris cette lettre ; elle était cachetée d'un grand cachet volant, portant une ruche; elle était signée avec une griffe, *Charles de Bourbon*, *Louis XVII*, *Roi de France et de Navarre.* J'ignore qui a écrit la lettre, qui a posé le cachet et la griffe. Je partis ; je vis à Paris la dame Jacquière deux fois seulement, et dix minutes chaque fois. Ayant appris qu'on avait fait une perquisition dans mon domicile, je brûlai la lettre.

On représente à la dame Morin d'abord un portrait ; elle assure ne l'avoir jamais vu ; ensuite une bague : elle en a vu une à peu près pareille au doigt du prévenu, mais elle ignore si c'est la même.

Bruneau ne reconnaît ni le portrait, ni la bague: *Au surplus, qu'on attende au vendredi-saint, je répondrai.*

Le 35e témoin, *Anne-Rosalie Simone*, femme Jacquière, âgée de 52 ans, demeurant au Gros-Caillou, à Paris, fait la déposition suivante ; elle paraît de l'école de Mme Krudener, et s'exprime en style oriental, avec l'organe d'une sybille: J'avais depuis long-temps des pressentimens vagues, fondés sur des notions particulières et secrètes ; j'adressais au ciel des prières, pour lui demander la grâce de savoir si le prisonnnier était fils du Roi martyr ; j'arrivai à Rouen, et je fis dire une neuvaine pour découvrir la vérité. Le prêtre, qui avait dit la messe à l'autel de la Vierge, et qui s'appelle l'abbé Matouillet, vint me parler, ainsi qu'à une comtesse, mon amie, et m'offrit ses services : je les acceptai pour entrer dans les prisons; je vis l'accusé; je sortis sans dire ce que j'en pensais. Je restai huit mois à Paris, et je revins à Rouen seule, parce que ma noble amie était morte : je revis l'accusé ; je lui donnai une montre d'or et une bague.

Je retournai à Paris avec Mme Mani, et je fis plusieurs voyages avec elle. Au reste, dans aucune occasion je n'ai fait part de mes réflexions à personne, et mon secret mourra dans mon sein.

Le témoin finit sa déclaration par une révérence théâtrale qu'elle adresse au tribunal.

M. le procureur du Roi s'est levé et a dit :

Messieurs,

Nous touchons enfin au dénouement d'une pièce assez curieuse à la vérité, mais qui ne mérite guères l'honneur de la célébrité qu'elle s'est acquise. Elle n'est au fond, et dans son principe, qu'une farce misérable qu'a voulu jouer un imposteur ignorant, un aventurier privé de moyens physiques et moraux, un être enfin qui, depuis sa plus tendre enfance, n'a eu d'asiles et d'existence que ceux que lui ont procurés, soit les personnes charitables et sensibles qu'il a pu tromper, soit la police répressive des délits de vagabondage et d'escroquerie.

Il est vrai, Messieurs, que, depuis l'époque où la scène s'est trouvé transportée à Rouen avec le héros du roman, elle est devenue plus sombre. Si même elle n'a pas encore présenté un caractère très-grave, ce n'est pas faute de coupables ; il ne faut l'attribuer qu'à l'absence des preuves jusqu'alors suffisantes pour les atteindre..... Mais si les criminels auteurs de ces placards incendiaires affichés dans le courant des mois d'avril et mai derniers, tant à Rouen que dans les communes environnantes et les plus populeuses ; si ceux qui ont osé, au nom d'un mannequin dont ils connaissaient toute la fourberie, provoquer le peuple à s'armer pour délivrer l'idole et changer l'ordre de successibilité au trône; si ces habiles artisans du crime, qui, par un horrible calcul, ont saisi le moment de la plus grande cherté des vivres pour présenter à plusieurs classes du peuple des appâts aussi séduisans qu'ils étaient chimériques; si quelquefois ils se trouvaient sur le banc des prévenus, s'ils pouvaient nous entendre, qu'ils ne se croient pas absous de leurs séditieuses entreprises ! Un jour viendra peut-être où le soleil de la justice dissipera tous les nuages...... Il ne faut pour cela qu'un éclair, et cet éclair pourrait bien être le précurseur de la foudre.

Mais abandonnons, Messieurs, le champ qu'a tenté d'exploiter la malveillance la plus coupable, la scélératesse la plus profonde...... Une affaire seulement correctionnelle nous saisit; hâtons-nous de vous en faire le premier exposé : l'article 190 du code d'instruction criminelle nous en impose l'obligation.

Indépendamment du délit d'escroquerie, à raison duquel le renvoi des cinq prévenus a été fait devant le tribunal de Rouen, jugeant correctionnellement, *Mathurin Bruneau* reste encore chargé de la prévention d'un autre délit, c'est celui de vagabondage, prévu par les articles 270 et 271 du code pénal.

Dans ce premier aperçu, nous nous dispenserons de relever la nature des charges que l'information fait peser sur chacun des cinq prévenus. Nous rendons hommage au principe qui veut que les magistrats, comme les jurés, ne se déterminent en général que par les débats publics.

La loi définit ainsi le délit d'escroquerie : C'est une soustraction, ou une simple tentative de soustraction, de tout ou partie de la fortune d'autrui, soit en faisant usage de *faux noms ou de fausses qualités*, soit en employant des manœuvres frauduleuses pour persuader l'existence de fausses entreprises, d'un *pouvoir* ou d'un *crédit* imaginaire.

Dans ce procès, nous ne serons pas embarrassés d'établir les *faux noms et les fausses qualités*, à l'aide desquels notre principal personnage a exploité tantôt une charité compatissante, tantôt une aveugle crédulité. Notre seul embarras sera de savoir si nous aurons pu les découvrir tous ......

Les débats vous apprendront, Messieurs, que, dès l'âge de onze ans, Bruneau eut la hardiesse de se dire le fils du seigneur de son village, et de se parer du titre de *baron de Vezins*; nous verrons qu'il s'introduisit, sous cette fausse qualité, dans une famille respectable, chez Mme la vicomtesse de Turpin de Crissé. Expulsé, à cause de sa mauvaise conduite et de sa paresse, de la maison de son beau-frère, encore aujourd'hui aubergiste et sabotier à Vihiers, vous verrez ce petit vaurien jouer, pour son début, en 1795, cette première scène de la vie errante et vagabonde à laquelle il a depuis voué son existence. Il paraît avoir rempli son rôle avec assez de succès, puisqu'il vint à bout d'obtenir, d'un sentiment qu'on croyait n'accorder qu'au malheureux enfant d'une famille persécutée et victime de la guerre civile, des secours de tout genre et même l'honneur d'être admis, pendant près d'une année, à la table des maîtres du château d'Angrie, près Candé.

Vous le verrez ensuite, Messieurs, reconduit, par les ordres de sa bienfaitrice désabusée, d'abord à Vezins, où il fut la risée de ses petits camarades d'enfance; puis à Vihiers, chez la dame Delaunay, sa sœur et aussi sa marraine.

Vous le suivrez encore une fois dans le séjour

de la bienfaisance, à Angrie. Le domestique de Mme de Turpin se laissa fléchir par les prières de ses parens; il connaissait la générosité, la bonté de ses maîtres : il reconduisit l'enfant au château, où l'indignation qu'avait d'abord inspirée la découverte de l'imposture, fit place à un nouveau sentiment de commisération. Bruneau fut donc encore admis, pendant environ six mois, au château d'Angrie; mais avec cette différence qu'il fut relégué à la table des domestiques.

Bientôt son ingratitude et ses mauvais traits le firent renvoyer une seconde fois. Un autre domestique de Mme de Turpin le reconduisit de nouveau à Vihiers, chez le sieur Delaunay, son beau-frère.

Notre aventurier avait alors environ treize ans. Le goût du travail va-t-il enfin le fixer? Va-t-il se repentir de ses étourderies, réparer ses torts envers sa sœur et son beau-frère? Va-t-il profiter de leurs leçons, et exercer enfin comme eux et comme son père l'utile profession de sabotier?

Non, Messieurs, vous allez apprendre qu'après avoir, pendant environ deux années, causé de nouveaux désagrémens à ses honnêtes parens, il s'abandonna de nouveau à son penchant pour les aventures. Il partit en déclarant qu'*il allait faire son tour de France*.

Il pouvait alors être âgé de 15 ans..... En vain le chercherons nous pendant quelques années; nous ne pourrons le retrouver que dans la maison de répression établie à Saint-Denis, près Paris, où il fut écroué le 23 thermidor an 11 (11 août 1803), en vertu d'un ordre de M. le préfet de police Dubois, ordre dans lequel il était dit qu'il avait été arrêté comme étant *sans asile et imbécille*. Voici la preuve de ce fait :

(Ici M. le procureur du Roi lit l'extrait de

l'écrou, et la lettre de S. Exc. le ministre d'état préfet de police de Paris, en date du 9 janvier 1818.)

Deux choses sont remarquables dans le fait constaté sur les pièces qu'on vient de lire.

La première, c'est que notre chevalier errant, qui, dans l'instruction, a formellement reconnu avoir en effet été détenu à Saint-Denis, déclara alors, et peut-être pour la seule fois de sa vie, ses *nom* et *prénom*, son état de sabotier, et le vrai lieu de sa naissance.

La seconde, c'est que, tout en se faisant qualifier d'*imbécille* par l'autorité, il eut l'*esprit* de la tromper sur son âge : c'était sans doute pour échapper aux lois rigoureuses de la conscription qu'il déclara n'avoir que dix-sept ans, tandis qu'il en avait dix-neuf accomplis.

Voici son extrait de naissance dûment en forme, qui constate qu'il naquit à Vezins, le 10 mai 1784 :

(M. le procureur du Roi donne lecture de cet acte.)

Si notre imposteur prétend que cet acte de naissance ne lui est pas applicable, il voudra bien sans doute nous mettre à portée de découvrir la retraite actuelle ou le décès de cet enfant, né le 10 mai 1784.....

Nous venons de voir que Mathurin Bruneau fut extrait de la maison de répression de Saint-Denis, le 20 brumaire de l'an 12 (12 novembre 1803) ; une autre lettre de M. le préfet de police, en date du 14 janvier dernier, annonce qu'il fut rendu à la liberté le surlendemain, 22 brumaire de l'an 12.

Quel usage Bruneau va-t-il faire de ce bienfait ?

Pour la première, et peut-être encore pour la seule fois de sa vie, il se détermine à prendre un parti convenable à sa position. Des recherches faites au ministère de la guerre, pour découvrir si Bruneau n'aurait point été incorporé dans quelque bataillon colonial, n'avaient produit aucun résultat ; mais celles qui ont été faites depuis au ministère de la marine ont été plus heureuses.

Nous allons voir que, de la préfecture de police, Mathurin se rendit au Mans ; qu'il s'y engagea le 1er frimaire de l'an 12, neuf jours après sa mise en liberté ; que de là il fut dirigé sur Lorient, où il arriva le 13 pluviôse de la même année (3 février 1804), et où il fut incorporé dans le 4e régiment d'artillerie de la marine, en qualité de canonnier aspirant......

Voici les pièces officielles qui constatent ces faits, ainsi que sa désertion à Norfolk (États-Unis d'Amérique) de la frégate *la Cybèle*, sur laquelle il avait été embarqué.

(M. le procureur du Roi donne lecture, 1° de la lettre du préfet de police, du 28 janvier ; 2° de celle audit préfet par S. Exc. le ministre de la marine ; 3° du certificat du ministre.)

Cessons donc maintenant de vouloir suivre le cours de ses exploits en France. Le continent va devenir pour lui trop circonscrit, c'est dans le Nouveau-Monde qu'il faut aller le chercher.....

Mais quels témoins aurons-nous de ses nouvelles aventures dans des climats aussi éloignés?

Il a fallu pendant quelque temps se contenter de ses propres récits, et l'on croira sans peine qu'il s'y est donné libre carrière.

D'après les contes par lui débités à plusieurs des témoins ici présens, il prétendait, dans le département de Maine-et-Loire, en octobre 1815, qu'il avait épousé la fille d'un riche lord, laquelle était décédée aux État-Unis, après l'avoir rendu père de plusieurs enfans.

Dans la prison de Bicêtre, à Rouen, où il fut écroué le 16 janvier 1816, il mystifia ses codétenus et ses gardiens en se prétendant volé, 1° d'une bague composée de deux diamans précieux, lesquels diamans provenaient, suivant lui, d'un *régent!* (Oui, c'est son expression, d'un *régent*), dont lui avait fait cadeau *la princesse Charlotte du Brésil;* 2° d'un coupon de la banque d'Angleterre; montant à 500,000 fr. ; 3° d'un grand nombre de pièces d'or.

Si nous recueillons ses réponses devant le magistrat instructeur, nous trouvons ces paroles remarquables dans son interrogatoire du 21 mai, quinzième demande :

« Je savais un peu de latin, de géométrie, de » géographie.... moi qui ai l'air d'un paysan et » qui ai été *coronel* dans l'Amérique espagnole, » et avant capitaine du génie sous les ordres du » *coronel* Williams, aux États-Unis, etc.!.... »

D'abord je doute beaucoup que Bruneau ait même jamais su lire ni écrire; je puis sans crainte lui porter le défi de prouver le contraire à ses juges et au public : je suis certain qu'il ne l'acceptera pas.

Mais ensuite vous entendrez aux débats un témoin dont la bonne foi et la franchise véritablement militaires ne se démentiront pas. C'est de lui qu'ont voulu parler les *conseillers privés du cabinet de Bicêtre*, lorsqu'ils lui ont fait dire, dans une lettre dont nous vous donnerons bientôt connaissance, « que le ciel a pris soin de lui conserver » des témoins. »

Vous verrez si ce témoin, précieux, quoique unique, confirmera la vérité des grades de capitaine et de *coronel* dont notre imposteur s'est gratifié avec emphase, ou si, au contraire, il n'a jamais été autre chose qu'un compagnon apprenti boulanger à Philadelphie, et ensuite domestique à New-Yorck..... Mais n'anticipons pas..... Ne détruisons pas trop promptement les grades militaires de notre héros; car nous allons, dans un instant, le voir prendre des qualifications encore bien plus pompeuses, mais aussi bien plus criminelles.

En septembre 1815, il débarque à Saint-Malo, muni d'un prétendu passeport américain, sur lequel il est désigné sous le nom de *Charles de Navarre, citoyen des États-Unis.*

De Saint-Malo, il se dirige sur Nantes; de là il suit les bords de la Loire jusqu'à Varesnes sous Mont-Soreau, arrondissement de Saumur.

C'est là que le gendre d'un lord, qu'un capitaine du génie, un *coronel* enfin, comme il a osé le dire, entre modestement en pauvre piéton dans une petite auberge située sur la route de Nantes à Paris.

Il était vêtu d'une veste de nankin, d'une culotte à voile de navire, et sans bas.

C'est-là que, s'emparant de la disposition d'un sieur Fraimbault à le croire le fils de la dame veuve Phelippeau, il saisit quelques détails que lui donna sur cette honnête famille son interlocuteur, trop plein d'une illusion qui le flattait.

Il se rend dans la maison de cette tendre mère, qui, depuis plusieurs années, pleurait comme mort en Espagne un fils chéri, et il a la cruauté de la laisser pendant quinze jours dans la plus cruelle anxiété. Il se conduit avec elle et avec ses enfans comme s'il était de la famille; il tutoie les demoiselles, et dit à la mère: « Je ne suis pas votre » fils; je m'appelle *Charles de Navarre*; mais » n'importe, traitez-moi comme votre fils. »

Les détails que vous donneront plusieurs membres de la famille Phelippeau, appelés comme témoins devant vous, établiront que notre aventurier, à l'aide de ses manœuvres et de ses fourberies, vint à bout d'escroquer à cette famille honnête une somme d'environ 600 fr., tant en effets qu'en argent. Les débats vous donneront même la preuve, qu'après son arrestation à Saint-Malo, il eut encore la hardiesse de faire écrire pour lui à la dame Phelippeau, comme s'il eût été son fils, et de solliciter de sa sensibilité maternelle de nouveaux secours en argent.

Son arrestation n'eut lieu qu'en décembre 1815. A sa sortie de la maison Phelippeau, Bruneau passa les mois d'octobre et de novembre, tant au Pont-de-Cé qu'à Angers, Vihiers, Vezins et autres lieux habités soit par ses parens paternels, soit par ses parens maternels, nommés Tesnier.

C'est à Vihiers qu'un témoin de ses supercheries à Varesnes, dans la famille Phelipeau, apprend avec surprise que celui qu'il avait cru, comme beaucoup d'autres, appartenir à cette famille, est au contraire le nommé *Mathurin Bruneau*, beau-frère du sieur Delaunay, célèbre par les fredaines de son enfance, et absent du pays depuis environ seize ans.

Mathurin est reconnu par ses parens, mais il leur défend de lui donner un autre nom que celui de *Charles de Navarre*. Il leur parle de son prétendu mariage avec une riche anglaise; il affecte de porter, pour faire croire à la perte de cette épouse chérie, un crêpe noir à son chapeau; il fait entrevoir à ses cousines qu'il pourra un jour faire leur bonheur: pour leur donner quelques gages de sa grandeur présente et future, pour leur laisser quelque avant-goût de la félicité promise, il se fait honneur, à sa manière, de l'argent qu'il venait d'obtenir de la famille Phelippeau ; à l'une il fait cadeau d'une paire de sabots, à quelques autres il donne des petits fichus de la valeur de cinq à six francs.

Pendant ses courses dans le département de Maine-et-Loire, pendant que, parmi les contes de tout genre qu'il se plaît à répandre, il affirme surtout avoir une mission des anciens chefs de l'armée vendéenne pour surveiller le pays, pour récompenser les bons et punir les méchans ; l'autorité, de son côté, avait l'œil ouvert sur ses démarches.

Son séjour dans la famille Phelippeau à Varesnes, près Saumur, la conduite qu'il y avait tenue, tout en lui avait fait croire aux habitans et aux fonctionnaires du pays qu'il était réellement le fils regretté. On attribuait son changement moral aux événemens de la guerre, ou à quelque maladie qui aurait dérangé son organisation mentale..... Toujours est-il que c'est sous le nom de *Charles-Mathurin Phelippeau*, qu'il fut arrêté à Saint-Malo, au commencement de décembre 1815. Tout le monde connaît la lettre qui fut écrite, dans ce sens, à M. le lieutenant de police de Saint-Malo, par M. le sous-préfet de l'arrondissement de Saumur. Tout les journaux d'alors la publièrent. Sa véritable famille, qui le repoussait depuis sa plus tendre enfance, se garda bien, en pareille circonstance, de détruire l'erreur commune. Tout prouve dans l'instruction que si, d'une part, avant d'avoir reçu les déclarations de Mme la vicomtesse de Turpin, les magistrats suivaient déjà quelques traces qui les auraient conduits à la découverte de la vraie origine de l'imposteur ; d'une autre part, c'est au passage imprévu de cette dame dans cette ville, que nous sommes redevables principalement des preuves géminées de son identité avec la personne de *Mathurin Bruneau*, né le 10 mai 1784, à Vezins, fils de Mathurin Bruneau, sabotier, et de Jeanne Tesnier.

Mais revenons à son arrestation à Saint-Malo. Elle fut surtout nécessitée par la certitude acquise sur des rapports nombreux, qu'il venait de croître tout-à-coup un nouveau système de fourberie dans la tête du fameux *Charles de Navarre*.

On apprit qu'il débitait et affirmait, avec l'air et le ton de la persuasion, qu'il était Louis XVII, fils de Louis XVI, échappé comme par miracle de la tour du Temple, en 1795.

Il semble résulter de l'information que ce nouveau plan, bien plus séduisant que tous les autres, il l'aurait conçu lors d'une visite qu'il fit à un traiteur du Pont-de-Cé, voisin de ses parens, et ancien cuisinier de S. M. Louis XVI.

Le sieur Leclerc vous rapportera bientôt quels furent les débuts de Bruneau dans son nouveau rôle, et quelle fut l'indignation que ses ridicules propos excitèrent dans l'esprit de cet ancien et fidèle serviteur de nos Rois.

Dans la prison de Saint-Malo, Bruneau fit quelques démarches pour tenter de se jeter dans l'île de Guernesey, où il s'était arrêté en arrivant en France, trois mois auparavant. Il fit écrire au gouverneur de cet île une lettre signée *Dauphin Bourbon*, par laquelle il l'invitait à informer S. M. Britannique que le fils de Louis XVI était dans les fers; mais sa dépêche fut interceptée, comme celle qu'il avait fait écrire à S. M. Louis XVIII, et dans laquelle il avait l'audace de solliciter une audience, disait-il, pour se faire reconnaître.

C'est aussi de cette même prison qu'il fit écrire, comme nous l'avons dit, à la dame Phelippeau de Varesnes, comme à sa propre mère, pour en obtenir de nouveaux secours.

Deux interrogatoires assez curieux furent prêtés par Bruneau; le premier, le 15 décembre 1815, devant le lieutenant extraordinaire de police de Saint-Malo; le deuxième, le 8 janvier 1816, devant M. le préfet de Rennes, département d'Ille-et-Vilaine.

Dans le premier, on remarque plusieurs fautes de français des plus grossières.

Dans le second, il soutient, comme dans le premier, qu'il est le fils de Louis XVI; et, avec le même front, il ose affirmer s'être trouvé à plusieurs affaires dans la guerre de la Vendée, et notamment à celle des Aubiers.

En vain M. le préfet lui objecte-t-il que le combat des Aubiers s'était donné en 1793, et qu'il est impossible que le Dauphin, qui n'avait alors que huit ans, y ait pris une part quelconque.... Rien ne peut le déconcerter; il croit que son assurance lui suffira pour faire disparaître les anachronismes les plus choquans et les contradictions les plus révoltantes.

« J'avais, dit-il, plus de dix ans à cette époque; oui, je vous répète que j'avais plus de de dix ans..... »

Nous ne tarderons pas, Messieurs, à voir ce même imposteur affirmer à la justice qu'il ne fut enlevé de la tour du Temple qu'en 1795. Peu lui importent les époques, il n'était pas moins à l'affaire des Aubiers en 1793, deux ans avant sa prétendue sortie du Temple!!! Ce seul rapprochement est déjà bien fait pour démasquer le fourbe et faire apprécier son misérable roman.

Mais suspendons encore notre jugement..... Mathurin Bruneau ne sera pas toujours réduit à ses propres et chétives ressources...... Nous allons le voir arriver dans la maison de détention de Rouen, où l'attendent des hommes à grands moyens.

C'est là que vont se presser autour de lui certains condamnés marquans, les lumières de la prison, pour lui conquérir au-dehors des partisans, des affidés.

Il fut écroué à Bicêtre, le 16 janvier 1816.

Il était arrivé sous l'accoutrement le plus modeste; un écu de 5 fr. formait alors tout le produit de la cassette du prétendu Louis XVII.

Loin de se laisser abattre par la détresse, il ne tarde pas à découvrir dans la maison un atelier où il sait qu'il ne sera ni étranger, ni déplacé..... Il se met à creuser des sabots, et trahit par là le secret de sa naissance.

C'est un sacrifice qu'il lui fallut faire sur l'autel de l'impérieuse nécessité.

L'habitude du tabac, aussi bien que celle du vin, étaient devenues pour lui les premiers soutiens de son existence; il en avait fait l'aveu à Saint-Malo, dans la lettre dont nous avons parlé; lettre que, dans son délire, il priait même les autorités publiques de faire parvenir à notre bien-aimé Monarque.

Nous verrons bientôt que, dans des lettres postérieures adressées à cette auguste princesse qui est l'unique, mais le bien précieux rejeton du roi martyr, il cherche toujours à s'excuser de l'empire qu'exercent sur lui ces deux passions. Il n'en parle qu'en homme subjugué, vaincu par ces deux maîtresses absolues. Il confesse que leurs chaînes sont tellement appesanties sur son être, que jamais il n'aura la force de s'en affranchir.

C'est donc en travaillant dans l'atelier des sabotiers de Bicêtre, que notre héros trouva, pendant les premiers mois de sa nouvelle résidence, les moyens de satisfaire son goût excessif pour le tabac.

Mais bientôt une lueur d'espérance va briller aux yeux de l'ouvrier sabotier. Une nouvelle dupe va paraître et le mettre à portée de renoncer encore une fois à des instrumens qu'il n'aurait jamais dû abandonner, mais pour lesquels il n'avait et ne pouvait pas avoir plus de goût en 1816 qu'il n'en avait en 1797, époque où il déserta la maison du sieur Delaunay, son beau-frère, maître sabotier à Vihiers.

Un sieur Vignerat veut voir par ses yeux celui qui se dit être le fils de Louis XVI.

L'aborder, l'entendre, devenir illuminé, ce fut pour le bon homme histoire d'un moment. Il sortit de Bicêtre enchanté d'avoir pu contempler les traits de son prince, et surtout de lui avoir fait agréer trois pièces d'or pour premier gage de sa fidélité.

Si les finances sont le nerf de la guerre, elles sont aussi un des meilleurs principes moteurs qui puissent donner un mouvement utile aux rouages des négociations diplomatiques.

Notre prétendant a su mettre à profit cette dernière vérité politique.

Avant la translation à Bicêtre du condamné Branzon; avant que cet homme, né pour les grandes entreprises, se fut associé aux destinées, ou plutôt aux recouvremens pécuniaires de celui qu'il appelait souvent « mon prince, votre majesté, Charles, » (car notre aventurier n'avait pas d'autre nom dans le royaume de Bicêtre.) Charles avait déjà soudoyé dans sa prison deux plumes célèbres.

La première était celle d'un nommé Larcher, mort au milieu des flammes, victime de sa propre imprudence, ou peut-être d'un crime nouveau qu'il avait médité en mettant le feu à la paille de son cachot. Ce misérable était un maître en fait d'impostures ; il avait poussé la sienne jusqu'à la profanation des choses les plus saintes : un faux prêtre était, sans doute, bien digne d'être le premier aux ordres et à la solde d'un faux roi.

La seconde plume, utilisée par Charles, est celle du nommé Pierre Tourly, ex-huissier, condamné à la réclusion et au carcan, pour crime de faux. Si l'imagination de celui-ci paraît avoir enfanté moins de productions que celles des Larcher et des Branzon, sa main paraît avoir été infatigable pour multiplier les exemplaires des ouvrages curieux qui sortaient du cerveau créateur de ces derniers.

Larcher fabrique, à la fin d'août 1816, des proclamations incendiaires destinées à réclamer, en faveur du prétendant, le zèle et l'assistance de l'ambassadeur d'Espagne, de plusieurs pairs de France, et de quelques anciens officiers de l'armée catholique et royale de la Bretagne.

Tourly copie ces mêmes proclamations ; sept exemplaires ayant été interceptés lorsqu'ils étaient déjà sous enveloppe, Tourly les reconnaît comme étant tous écrits de sa main. Il est vrai que ce condamné ne s'est pas toujours contenté d'être la presse vivante du faux prince et du faux prêtre, le premier de ses ministres ; nous verrons aux débats qu'il a aidé lui-même notre prétendant dans les moyens d'alimenter sa cassette. Le bon Vignerat paraissait une excellente mine à exploiter ; on y travailla activement. Tourly a également reconnu et avoué une lettre trouvée en la possession de ce fabricant, par laquelle on stimule de nouveau sa générosité, en lui promettant en retour une entière reconnaissance.

Le prince Bruneau n'a jamais signé ni ses proclamations, ni ses lettres ; il est résulté de l'information qu'il en est empêché par un obstacle qui prend sa source dans le défaut d'éducation. Il paraît certain que ce capitaine de génie, ce colonel d'artillerie, ne signait pas davantage ses contrôles et états de service dans le Nouveau-Monde, qu'il n'a pu, devenu roi dans l'ancien, signer ses proclamations et ses commandemens. C'est cette incapacité absolue qui le forçait de donner à ses scribes l'ordre de signer pour lui.

Le déserteur Pinson avait souscrit à Saint-Malo, des fausses qualités de notre fourbe, la lettre qu'il avait écrite pour lui à S. M. Louis XVIII ; de même le faussaire Tourly signe, à Rouen, la lettre écrite à Vignerat, du nom de Charles, dauphin de France.

Il signe également de sa main la lettre du 3 mars 1816, destinée à Madame de France, et dans laquelle, par un style digne des rédacteurs, on cherchait à surprendre la religion, et à émouvoir la sensibilité de cette vertueuse princesse.

Voici cette lettre, sur laquelle toutes réflexions seront inutiles, parce qu'elle porte avec elle le cachet de la sottise et de cette irrévérence coupable, qui, jusqu'au fameux 9 thermidor, caractérisait le langage des barbares gardiens de l'orpheline du Temple.

(M. le procureur du Roi donne lecture de cette lettre.)

Nous ne tarderons pas, Messieurs, à mettre en scène un rédacteur plus instruit, qui, dans une lettre tendant au même but, a trouvé l'occasion de faire briller, au nom d'un ignorant grossier, toutes les ressources de sa verve, toute l'élégance de son style. Mais, avant lui, et pour suivre toujours l'ordre des temps, doit figurer une femme qui, soit par crédulité ou par malveillance, a joué aussi un des principaux rôles dans les intrigues de ce mauvais roman. Nous voulons parler de la dame Avenel, épouse du sieur Dumont commerçant en cette ville.

Cette femme fréquentait le fameux Charles quelques mois avant que Branzon fut transféré de la Conciergerie à Bicêtre. Ses visites avaient opéré les effets magiques de la baguette des fées. Le prisonnier devint tout-à-coup un être important. Il est bien nourri, bien vêtu, il conçoit à peine lui-même un changement aussi heureux dans sa position. Il fait sonner les pièces d'or dans son gousset. Au bruit de ce métal, qui souvent est la seule cause des hommages que l'on rend à bien des gens, Bruneau commande bientôt les égards et même le respect. Ceux qui ne les lui rendent que par intérêt, par calcul, imposent aux autres par leur conduite envers l'idole dont ils savent partager les dons. C'est désormais le nom de Monsieur ou de Monsieur Charles que l'on prodiguera au prétendu Louis XVII. Ses balourdises naturelles, son ivrognerie habituelle ne diminueront ni le culte de ses affidés, ni les complaisances coupables du concierge, lesquelles ont été suivies de sa destitution.

Sans parler des sommes d'argent, des effets d'habillement et des objets de parure que la dame Dumont donnait elle-même au faux prince, c'était encore par elle que se payaient les mémoires relatifs à sa table. Le concierge Libois a reconnu, dans ses interrogatoires, avoir touché une somme de 1000 à 1200 francs des mains de la dame Dumont. Les ressources de cette femme étaient presque sans bornes, si on en juge par une lettre pressante dans laquelle elle engageait le sieur Libois à ne rien épargner pour le bien-être de M. Charles. Si on veut l'en croire, les fonds considérables qu'elle versait provenaient de dépôts qu'elle prétend avoir été faits chez elle pour le soulagement des prisonniers, par des âmes charitables; mais, comment ajouter foi à une pareille version, lorsqu'elle destine tout à un seul prisonnier? comment s'imaginer qu'elle n'a pas abusé elle-même de la crédulité des dupes, lorsque tout prouve qu'elle était, à l'extérieur, l'agent le plus zélé et le plus actif pour le succès des mesures qui se concertaient dans le cabinet de Bicêtre.

Il y a plus, si l'on en croyait Branzon, il n'aurait fait que céder aux sollicitations pressantes de la dame Dumont, lorsqu'il s'est déterminé à prêter son imagination et sa plume au prétendu Louis XVII.

Quoiqu'il en soit, il est demeuré constant, par l'information, qu'elle s'agitait en tout sens pour grossir le nombre des affidés, et pour préparer l'exécution du plan projeté.

C'est par elle que sont introduits auprès du faux prince divers personnages, dont deux surtout se sont présentés sous des noms distingués, et se sont dits chargés par une auguste princesse de vérifier l'état des choses.

C'est à elle qu'on remet, pour être expédiée par une autre main, la lettre destinée à MADAME, et sortie de la plume de Branzon. La dépêche est close chez elle, souscrite de l'empreinte d'une griffe destinée à suppléer à l'ignorance de notre aventurier ; elle est cachetée d'un grand sceau, sur l'écusson duquel est gravée une ruche d'abeilles surmontée d'une couronne dont l'exergue offre ces mots pompeux : Louis XVII, Charles de Bourbon, roi de France et de Navarre, par la grâce de Dieu.

Dans les perquisitions faites au domicile de la dame Dumont, il a été trouvé et saisi un portrait en miniature, représentant le héros sous le casque et l'uniforme d'un officier général de dragons. On a trouvé en outre plusieurs lettres et autres pièces d'écriture de la main du sieur Moutier, de Fécamp, ami de la maison Dumont. Elles démontrent que ce jeune homme avait été initié, par la dame Dumont et par Branzon, dans les secrets mystères de l'intrigue. La disparition du sieur Moutier de la ville de Fécamp, où il demeurait alors, les précautions qu'il prend, même depuis son acquittement, pour ne pas se présenter à la justice, devant laquelle il a le bonheur de n'être appelé qu'en qualité de témoin, tout donne à croire que ce nouvel acteur pourrait bien avoir été chargé de quelque rôle dont sa conscience lui reproche la criminalité.

Nous avons dit, Messieurs, que la dame Dumont avait ses entrées libres à la maison de Bicêtre avant que Branzon y fut transféré. Il y arriva le 7 décembre 1816, et trouva, comme on voit, les choses en bon train. La liste civile surtout s'alimentait avec assez d'abondance ; c'était un levier puissant qui, placé dans des mains habiles, ne devait pas manquer de produire d'utiles effets.

Branzon ne tarde pas à s'emparer de l'esprit de M. Charles. Il s'associe à ses pensées, à ses projets, il devient son confident intime. Tous deux ils s'enferment dans une chambre particulière, et travaillent ensemble sans témoins ni surveillans. Le trop complaisant Libois leur permet souvent même de prolonger leurs conférences secrètes fort avant dans la nuit.

Je ne vous dirai pas, Messieurs, que le sérieux des travaux du cabinet était de temps à autre égayé par des parties de plaisir, que la table surtout était servie avec tant de recherche, que le plat de petits pois, cet ancien mets d'étiquette de la cour, n'était pas oublié le jour du vendredi-saint; que, dans plus d'une orgie, la majesté du faux roi a été compromise; que le digne confident a quelquefois porté sur sa figure des marques sanglantes de la puissance de son prince..... Ce ne sont là que de faibles incidens; les débats en donneront les détails: mon devoir est ici de poursuivre l'analise de cette affaire, et de ne vous parler que des faits constitutifs de ce singulier procès.

Nous avons vu, Messieurs, quelles sortes de productions étaient sorties de la plume des Larcher, des Tourly; mais nous n'avons pas encore parlé de certains mémoires historiques sur la vie de notre imposteur, auxquels on avait déjà travaillé lorsqu'il n'avait encore que ces deux condamnés pour scribes et pour conseils.

Si ces mémoires eussent paru tels qu'ils étaient rédigés et écrits par ces derniers, ils n'auraient pu inspirer aucun intérêt. On y aurait reconnu quelques faits décousus, quelques anecdotes romanesques sur les longs voyages de Mathurin Bruneau, faits et anecdotes qu'on avait adaptés sans art ni liaison à des passages littéralement copiés dans un ouvrage très-connu, ayant pour titre : *le Cimetière de la Madeleine*. Nous reviendrons plus loin sur cet ouvrage, qui est l'unique canevas sur lequel avaient si mal brodé nos trois prisonniers.

Le premier soin de Branzon fut donc de donner

à ces mémoires un style convenable et châtié. On remania les matériaux; on les assembla avec plus d'ordre, et bientôt ils parurent dignes d'être mis au jour. On en conçut une si haute idée, qu'on s'imagina qu'ils pourraient séduire l'auguste sœur du fils de Louis XVI. On se fit tellement illusion, qu'on oublia, ou feignit d'oublier que cette princesse, dont les vertus ne peuvent être égalées que par ses malheurs personnels et par ses bienfaits envers les malheureux, était elle-même détenue au Temple au moment où le roi son frère y termina sa trop courte existence en même temps que ses longues et infernales tortures.

On crut que la fille adoptive et bien-aimée de Louis XVIII voudrait bien renoncer tout-à-coup à la certitude personnelle que, de la fatale Tour, elle avait emportée du décès de l'infortuné et intéressant Louis XVII, et croire au miracle de sa résurrection!!! On ne peut se défendre du sentiment de la plus vive indignation lorsqu'on sait que des tentatives aussi coupables avaient pour but de présenter un chétif mannequin, un ignorant grossier, un mauvais coureur d'aventures, comme étant cet enfant royal, si intéressant par ses saillies heureuses, par ses connaissances précoces, qui, dès l'âge de sept ans, faisait les délices de ses trop infortunés parens, et s'élevait déjà jusqu'à la hauteur de la littérature. Tout le monde sait que Mgr le dauphin connaissait les chefs-d'œuvre de nos premiers poëtes tragiques, et qu'il en récitait souvent de mémoire de longues tirades.

Je ne ferai pas à Mathurin Bruneau l'honneur de penser qu'il a voulu vaincre tous ces obstacles. Ces détails, ils ne les connaissaient pas mieux que les distances qui séparent les enfans de France de leur chef de cuisine. Vous ne tarderez pas à savoir,

Messieurs, pourquoi je choisis ce point de comparaison ; les débats vous apprendront que, pour se faire reconnaître comme étant le fils de Louis XVI, par un ancien cuisinier du château de Versailles, notre fourbe lui tint, au Pont-de-Cé, en 1816, le propos suivant : « Vous rappelez-vous de moi? Me reconnaissez-vous?........ » Sur la réponse négative de notre restaurateur, Bruneau lui réplique : « Vous m'avez cependant vu bien » souvent dans votre cuisine à Versailles, et vous » m'y avez tiré les oreilles bien des fois. »

Peu importe à Branzon la bizarrerie, l'ignorance et les vices de l'imposteur. Il le voit déterminé à soutenir son identité avec la personne du feu jeune prince ; il goûte avec lui les heureux effets de cette métamorphose ; il ne lui faut pas davantage pour flatter lui-même l'espérance de son prétendant. Son mémoire historique reçoit enfin la dernière main. On en tire des copies ; l'une d'elles sort des mains d'un habile expéditionnaire, avec tout le fini, tout le brillant convenables pour être jugée digne d'être présentée à S. A. R. MADAME.

On remet cet exemplaire de choix aux mains d'un personnage que la naissance et le dévoûment à la bonne cause n'ont pu préserver de la démarche la plus ridicule et la plus imprudente. Le sieur de Foulques avait été illuminé ; il avait porté l'enthousiasme jusqu'à prêter un serment de fidélité au faux prince, la main étendue sur un livre qu'on lui dit être l'Évangile. Il n'en fallait pas davantage, le sieur de Foulques est choisi pour présenter à S. A. R. le message de son faux frère. On a même voulu faire croire que celui-ci, en remettant ses dépêches écrites, aurait confié verbalement à son ambassadeur le dépôt mystérieux d'un grand secret.

C'est ici le moment, Messieurs, de vous donner lecture de la lettre du 18 mars 1817 ; de cette pièce, d'autant plus criminelle, que le mensonge et la perfidie l'avaient préparée avec plus d'art et de soin.

(M. le président ordonne au greffier de donner lecture de cette lettre.)

L'information, continue M. le procureur du Roi, n'a pu faire connaître ces deux prétendus ambassadeurs ou délégués qui, le 15 mars, se présentèrent à Bicêtre, sous les auspices de la dame Dumont.

La lettre était signée, comme on l'a dit, avec la griffe royale, et le paquet était pompeusement cacheté avec ce grand sceau dont nous avons donné la description.

Muni de ces pièces, notre négociateur vole et arrive à la capitale. Mais, ô comble du désespoir! ses lettres de créances ne paraissent pas suffisantes; non-seulement il n'est pas admis auprès de la princesse ; mais il se trouve même forcé de sortir de Paris dans les vingt-quatre heures. M. de Foulques ayant été acquitté par la chambre du conseil, figure au nombre des témoins appelés ; il nous expliquera sans doute si la disgrâce qu'il a encourue, il la doit à la nature de sa mission ou à la manière dont il l'a remplie.

Cet échec au surplus ne déconcerta pas les membres du conseil privé de Bicêtre.

Le sieur de Foulques avait été amené par une certaine dame Jacquières, de Paris, qui avait paru elle-même sous les dehors d'une enthousiaste ; cette femme, qui ne demandait qu'une idole pour avoir l'occasion de faire des dupes, n'avait pas même pris la peine de chercher à s'éclairer sur la qualité de celui-ci. A l'approche du sanctuaire, elle se prosterna; elle demanda comme une grâce la faveur de baiser la main de celui qu'elle affirme reconnaître être Louis XVII. C'est lui, s'écria-t-elle, c'est notre bon Roi. Il faut espérer qu'il remontera bientôt sur le trône, etc., etc.

A son premier voyage à Rouen, la dame Jacquières avait fait l'offrande d'une montre.

Au second, elle apporta de la capitale deux bagues contenant, ou qu'elle disait contenir le portrait de son Roi.....

En fallait-il d'avantage pour lui confier les plus hauts intérêts du prétendant?

C'est aussi ce qui fut arrêté. On crut à ses paroles comme on avait cru à ses simagrées. Elle s'annonce comme ayant un écrit suffisant pour procurer à un second négociateur les moyens sûrs d'obtenir une audience de MADAME la duchesse d'Angoulême.

Mais à qui confiera-t-on cette nouvelle et importante ambassade?

Une femme devait être l'introductrice ; c'est aussi à une femme que l'on remet le soin de réparer la mésaventure du premier ambassadeur...

Une dame Morin, de Rouen, avait eu l'honneur d'être quelquefois admise aux délibérations du comité. Elle possédait toute la confiance de Branzon; et les personnes qui l'auront connue trouveront, comme lui, qu'elle réunit assez de facilité, assez de talens, surtout assez d'adresse, pour s'acquitter avec succès de la négociation la plus délicate.

La dame Morin se charge donc de celle-ci. Elle part pour Paris, avec les mêmes instructions dont le sieur de Foulques avait été chargé. Elle était en outre munie du portrait de Charles, représenté en grand uniforme d'officier général de dragons.

L'impatience était à son comble dans le comité

de Bicêtre; elle dégénérait même souvent en inquiétude, surtout pour ceux qui ne pouvaient se dissimuler toute la culpabilité de leur conduite. Une correspondance active s'établit entre Branzon et la dame Morin; pour éviter la voie de la poste, dont on redoutait les inconvéniens, on s'abouche avec divers conducteurs de diligences. Ce n'est pas assez; on dépêche une demoiselle Digard en courrier extraordinaire pour transmettre de nouveaux ordres, et rapporter aux meneurs ce que la négociation n'avait osé confier au papier.

Quelle sera donc l'issue de cette nouvelle tentative, pour laquelle on n'avait rien épargné? Quel résultat obtiendront ces agens femelles, dont le sexe était une chance de plus pour échapper à la surveillance de l'autorité?

Vous l'apprendrez de la dame Morin elle-même; elle vous dira, comme elle l'a déclaré dans ses interrogatoires, qu'elle avait beaucoup trop compté sur les promesses et le crédit de la dame Jacquières; qu'au lieu d'obtenir la faveur de faire briller devant la princesse les ressources de son esprit et les charmes de son élocution, un incident fâcheux la détermina tout-à-coup à renoncer à son entreprise.

Elle apprit que l'autorité avait les yeux sur ses démarches; qu'une perquisition avait eu lieu dans son domicile, etc. etc.

Elle vous apprendra, la dame Morin, car c'est principalement à sa franchise qu'elle doit sa liberté; elle vous apprendra, dis-je, qu'effrayée par ces premières mesures de police, elle fit disparaître les témoins irrécusables de son inconcevable imprudence. Les mémoires historiques, la lettre d'introduction furent, dit-elle, anéantis par les flammes, et le portrait fut brisé.

Telle fut, Messieurs, l'affligeante issue de la

seconde et dernière ambassade de la cour de Bicêtre. C'est après ce nouvel échec, c'est après l'effet que produisit dans le public et dans la prison la révocation du concierge Libois, la translation de Bruneau dans la maison de justice du palais, ainsi que l'enquête administrative qui eut lieu, c'est alors, disons-nous, que, par les ordres de S. Exc. Mgr. le garde des sceaux de France, une information judiciaire fut commencée. Le gouvernement avait été en même temps instruit de la distribution et de l'affiche de ces placards incendiaires dont les auteurs ont été jusqu'alors assez heureux pour échapper aux recherches de l'administration et du ministère public; ce fut cette circonstance surtout, bien plus que la nécessité de mettre un terme aux mouvemens, aux menées de quelques intrigans, qui fut le motif et la base d'une instruction judiciaire.

Après cette analise du système soutenu par Mathurin Bruneau, M. le procureur du Roi continue ainsi :

Fort des instructions qu'il avait reçues pendant sa résidence dans la maison de détention, Mathurin Bruneau a fait usage de quelques anecdotes puisées dans le roman du *Cimetière de la Madeleine*, et auxquels il adapte des contes de son imagination qu'il avait fait consigner dans ses prétendus mémoires historiques.

Sa mémoire lui retrace assez fidèlement les noms des personnages les plus connus par leur dévoûment aux infortunées victimes du Temple, mais elle est souvent en défaut sur les détails intérieurs de cette prison, si douloureusement célèbre.

Il prétend que S. M. Louis XVI, qu'il a l'audace d'appeler son père, lui donnait jusqu'à des leçons d'écriture, tandis qu'il est notoire que ce soin avait été confié au fidèle Cléry, valet de chambre de Monseigneur le Dauphin.

Voici un autre fait sur lequel il n'a pas été plus heureux :

Le docteur Brunier avait été nommé, vers l'année 1788, médecin des enfans de France; son nom leur était devenu familier, et surtout à Monseigneur le Dauphin qu'il avait soigné d'une manière plus particulière. Bruneau ne peut le citer au magistrat; il lui parle seulement de M. Dessault, qui joue un personnage plus marquant dans le *Cimetière de la Madeleine*. Il cite un autre docteur qu'il dit s'appeler *Adrien*, mais qui n'est autre qu'un certain *Cyprien* du roman, à qui l'auteur fait jouer un des principaux rôles dans la fabuleuse entreprise de l'enlèvement du Temple de la personne du jeune Roi.

On l'interroge ensuite sur le miracle de son prétendu enlèvement de la tour du Temple.

Ici, il répète, à quelques variantes près, la fable telle quelle est écrite dans son livre élémentaire. Il oublie seulement de parler de l'enfant substitué, de cet orphelin endormi pendant vingt-quatre heures, au moyen d'une dose d'opium, placé ensuite dans le corps d'un petit cheval de bois, introduit au Temple par cette ruse, et mis, pendant sa léthargie, dans le lit du royal prisonnier, que l'on suppose avoir été dans ce même cheval de bois.... Cette circonstance essentielle lui échappe; il affirme seulement avoir été placé dans ce cheval par M. Louis de Frotté, accompagné de M. Adrien. Ces Messieurs avaient, dit-il, gagné le concierge à force d'argent, et effrayé la gardienne intérieure de la prison en lui mettant un pistolet sur la gorge:

cette particularité est encore entièrement puisée dans le roman qui lui avait servi de catéchisme.

Tout le monde connaît ce proverbe trivial : *A bon menteur, il faut bonne mémoire*.... Celle de Bruneau ne paraît pas mauvaise ; mais elle ne suffit pas encore pour tant d'impostures.

Avant d'être endoctriné avec le livre du *Cimetière de la Madeleine*, il paraît qu'il n'avait pris de leçons que dans l'histoire de son dévancier, de ce jeune Hervagault, fils d'un tailleur de Saint-Lo, condamné, en 1803, par plusieurs tribunaux, à la peine d'un emprisonnement temporaire, à raison du même délit pour lequel Bruneau est aujourd'hui traduit devant vous.

Suivant Hervagault, l'enfant substitué aurait été apporté au Temple dans un charriot rempli de linge blanc, et l'enfant royal aurait été placé en échange dans un immense paquet de linge sale, et enlevé du Temple dans le même charriot.

Les débats vous apprendront bientôt, Messieurs, que notre aventurier ne connaissait encore que cette dernière version à l'époque de janvier 1817 : c'est la seule qu'il avait faite jusqu'alors sur sa prétendue évasion du Temple. Il n'a adopté celle du *Cimetière de la Madeleine* que postérieurement, parce que ce n'est effectivement que depuis cette époque, que ce roman a été vu à la disposition de ses conseillers intimes.

Fidèle désormais aux instructions contenues dans cette brochure, Mathurin Bruneau n'a pas manqué de rapporter, à sa manière, le fameux combat imaginé par l'auteur, et auquel aurait donné lieu l'arrestation, près de Fontenay, de la voiture dans laquelle, suivant lui, on enlevait le rejeton de nos rois.

Le magistrat instructeur objecte avec raison à Bruneau qu'en se rapportant aux époques et à la forme du gouvernement d'alors, l'enlèvement du jeune prince aurait nécessairement fait beaucoup de bruit et mis en mouvement tous les rouages de la police.

Bruneau répond avec sang-froid :

« On courut sur toutes les routes après nous ;
» un escadron de *guides* et de gendarmerie nous
» arrêta entre la Châtaigneraie et Fontenay, lors-
» que nous avions descendu la vallée : mais le
» général Charrette nous a *délibérés*.

En faut-il davantage, Messieurs, pour mettre au grand jour et les contradictions choquantes de notre imposteur sur le point le plus important de sa prétendue histoire, et sa grossière, sa rustique ignorance ?

En faut-il davantage même pour ruiner dans sa base tout système qui tendrait encore à faire croire que le fils de Louis XVI n'aurait pas suivi de près dans le tombeau ses illustres et trop malheureux parens ?

S'il y eût eu substitution, si ce n'eût été qu'un enfant substitué qui eût été mis au cercueil dans le Temple le 9 juin 1795, si la victime du barbare et féroce Simon eût été arrachée de sa prison et remise dans les bras des officiers généraux de l'armée catholique et royale, quel triomphe n'eût-ce pas été pour les soldats de la légitimité ! Avec quel empressement, avec quelle allégresse ils auraient fait célébrer cette éclatante victoire ! Avec quel soin religieux ils auraient fait remettre ce précieux dépôt dans le sein de son illustre famille !

Le bonheur de la France n'en aurait pas été moins assuré, puisque Louis XVII aurait appris à régner sous la tutelle du père des Français, et à l'école de ses auguste parens.

Rien de tout cela n'est arrivé; tout repousse, au contraire, jusqu'à la vraisemblance de ce fabuleux enlèvement, puisqu'on en place précisément l'époque à celle de la cessation des hostilités dans les départemens de l'Ouest.

Les débats vont s'ouvrir, dit en terminant M. le procureur du Roi; ils établiront jusqu'au plus haut degré de l'évidence que celui qui se dit Charles de Navarre, n'est autre chose que le fils d'un sabotier.

Audience du 14 février.

L'audience est ouverte à neuf heures et demie.

Julien Gatey, l'un des témoins, cousin, par sa femme, de l'accusé, demande et obtient la permission de retourner à Paris pour des affaires pressantes.

Le 36e témoin, Jacques-Charles de Foulques, âgé de 52 ans, lieutenant-colonel d'infanterie, en non activité, domicilié à Falaise, refuse de faire une déposition, et répond ainsi aux questions suivantes que lui adresse M. le président :

Demande. N'avez-vous pas connu l'accusé à Bicêtre.

Réponse. Oui, Monsieur.

D. Ne lui avez-vous pas prêté serment sur l'Evangile?

R. Oui. En prêtant ce serment, c'est à Louis XVII que j'ai cru le prêter.

D. Par qui avez-vous obtenu l'entrée à Bicêtre?

R. Par l'abbé Matouillet.

D. N'avez-vous pas été chargé de lettres?

R. Oui, pour S. A. R. MADAME, duchesse d'Angoulême.

D. A qui les avez-vous remises?

R. A M. le comte de Montmaur, après avoir eu plusieurs conférences avec lui : j'ignore ce que le paquet est devenu.

D. N'avez-vous pas écrit directement à S. A. R. MADAME?

R. J'ai écrit à Mme la duchesse de Sérent, pour la prier de demander une audience à S. A. R. MADAME, et j'ai remis ma lettre à Mme Méry, qui avait la confiance de M. de Montmaur.

D. Avez-vous eu réponse?

R. Non, Monsieur.

D. N'avez-vous pas vu à Paris Mme Jacquières?

R. Quelquefois; mais j'ai une observation à faire : M. le procureur du Roi a dit que je m'étais enfui de Paris, et j'y suis resté huit jours très-tranquillement.

M. le procureur du Roi : Puisque le sieur de Foulques me met en jeu, je veux bien lui accorder qu'il est resté huit jours à Paris; cela est très-peu important; mais que de son côté, il veuille bien nous parler avec une entière franchise, et dire si c'est par son fait, ou par le fait de sa mission, que sa glorieuse et magnifique ambassade a échoué.

Le sieur de Foulques ne répond rien.

Le 37e témoin, François-Barthélemi Guérard, employé à l'hospice général de Rouen, et dessinateur, déclare qu'après avoir fait le portrait du concierge, on lui proposa de peindre le nommé Charles, se disant dauphin; il fit effectivement son portrait, en colonel de dragons, mais il refusa de lui mettre un cordon bleu.

Bruneau. Je voulais aussi un crachat.

Le 38e témoin, Marie-Pierre Jalin, régisseur de la maison de détention de Rouen, déclare qu'il fut averti, il y a dix-huit mois, que l'accusé faisait des écrits avec Tourly et Larcher : il fit faire une perquisition ; on trouva des espèces de proclamations.

Bruneau. J'avais donné l'ordre d'en envoyer dans tous les arrondissemens de la Normandie.

Le témoin. Je fis punir l'accusé, je prévins l'autorité, et on le transféra au palais de justice.

M. le président. N'avez-vous pas su que l'accusé et Branzon avaient souvent des conférences?

Le témoin. Oui, Monsieur, malgré mes défenses.

Branzon fait remarquer à M. le président qu'il a toujours fermé sa porte à l'accusé.

Le 39e témoin, Jean-Baptiste-Marin Libois, concierge destitué de la maison de détention, fait une déclaration qui ne contientaucun fait nouveau.

M. le président. Avez-vous connaissance que Bruneau ait donné un soufflet à Branzon?

Le témoin. Non.

Bruneau. Je ne suis pas abbé ; je n'ai pas donné la confirmation à tous ceux qui la méritaient.

M. le président. Ne jouiez-vous pas quelquefois aux cartes?

Bruneau. Alors nous jouions aux cartes, et aujourd'hui nous jouons la comédie.

M. le président. L'accusé sait-il lire?

Le témoin. Oui, Monsieur.

M. le président. Comme l'accusé a toujours refusé de lire, voyons s'il est en meilleure disposition aujourd'hui, et donnez-lui ce journal, en lui présentant la première ligne.

Bruneau. Je vais lire seulement trois mots; je ne suis pas un comédien. Il lit en effet ces trois mots : *Dans la nuit.*

Le 39e témoin, Mme Libois, dépose des mêmes faits que son mari.

Le 40e témoin, le sieur Grisel, arpenteur,

prisonnier à la maison de détention, déclare qu'il a écrit, sous la dictée de Charles, plusieurs anecdotes, plusieurs passages du *Cimetière de la Madeleine*, et quelques lettres à Mme Dumont pour avoir de l'argent.

Le 41e témoin, Pierre-Henri Guérin, âgé de 55 ans, concierge de la maison de justice, fait la déposition suivante : L'accusé est entré le 29 avril 1817, et depuis sa pension a toujours été exactement payée. M. Méjean a même envoyé de Paris une redingote pour lui.

Le 42e témoin, Pierre Blanchemain, commissionnaire de la prison, fait la déposition suivante : Il y a quelques mois que l'accusé me montra une poignée de louis, et me dit qu'ils seraient à moi si je voulais ; je lui dis : *Et sur quels principes ?* Il me répondit : *Ouvrez-moi les portes ; et je vous donnerai ces louis-là, et dix mille francs.* Moi, je lui dis : J'ai servi sous Louis XV, Louis XVI, et Louis XVIII, et je ne m'abaisserai pas à ce point-là. Je fis mon rapport au concierge : on mit l'accusé au cachot pendant six semaines, et je ne l'ai laissé parler à personne ; quand il en sortit, j'ai entendu souvent Branzon dire à l'accusé : Bonjour, mon sire, à votre santé, mon sire.

M. le procureur du Roi. Je vous prie de faire consigner ce fait dans le procès verbal.

M. le président. Ne vous a-t-il pas dit qu'il était Louis XVII ?

Blanchemain. Oui, Monsieur.

Bruneau. Oui, je le suis ; j'ai été sacré par le pape, qui n'est pas le pape Colas.

Le 43e témoin, Rose Papillon, femme Blanchemain, dépose qu'elle porta, par ordre de Mme Jeffroi, quatre chapeaux à la Conciergerie, pour que l'accusé essayât celui qui lui irait le mieux.

Le 44e témoin, Marie-Catherine-Henriette, femme Jeffroi, déclare qu'elle a été souvent voir le prévenu à la Conciergerie, et qu'il la rendue dépositaire d'une somme de 5 à 600 fr.

Bruneau. J'avais eu cet argent-là de la banque de France.

Le témoin continue. J'ai écrit à M. Méjean, pour qu'il achetât des vêtemens à Paris; ce qu'il a fait, et je l'ai prié aussi d'être son avocat.

M. le président. A qui était l'argent que vous donniez?

Le témoin. A moi.

M. le président. Vous ne persuaderez à personne qu'une femme qui consulte pour les urines ait de l'argent de manière à en donner abondamment?

Le témoin. C'est pourtant vrai.

Le 45e témoin, Pierre Poté, marchand de bois au Hâvre, dépose de la manière suivante:

J'ai eu la curiosité de voir l'accusé; on m'a dit qu'il fallait demander une bouteille de vin blanc; mais on en a *introduit* sur la table trois bouteilles au lieu d'une. Alors je vis l'accusé, et je lui demandai par quel hasard il était de la famille royale. Il me répondit qu'il était dauphin, et qu'il avait été sauvé dans du linge sale (rire universel.) Je lui dis alors: Mais, pour un prince, vous devriez avoir des manières plus distinguées.

M. le président. Pourquoi lui disiez-vous cela?

Le témoin. C'est que les trois bouteilles de vin allaient trop vîte.

M. le président. A-t-il beaucoup mangé?

Le témoin. Non, monsieur; mais il a fumé douze pipes,

M. le président. Que vous a-t-il dit encore?

Le témoin. Qu'il avait écrit plusieurs fois à sa sœur, qui ne lui avait pas répondu, parce qu'elle était en puissance de mari, mais qu'il était sûr qu'elle l'aimait beaucoup. Il me parla de ses voyages à la Nouvelle Angleterre, au Chili, au Pérou, au Brésil et à l'Amérique espagnole, où il avait une habitation de cinq cent mille livres de rente.

Bruneau. Oh bah ! ce n'est rien que cela.

Le témoin. Je payai la dépense, et comme je m'en allais, l'accusé me dit : On ne s'en va pas comme cela ; et on apporta du café dans un superbe service de porcelaine, et de la liqueur dans des verres de cristaux.

M. le président. Reconnaissez-vous le témoin ?

L'accusé. Oui, monsieur l'abbé.

M. le président. Vous rappelez-vous avoir dit au témoin que vous étiez sorti du temple dans du linge sale ?

L'accusé. Je ne peux pas lui avoir dit cela ; car, *sacredieu*, j'étais trop gros.

Le 46e témoin, Pierre Julienne, teinturier, fait la même déclaration, et ajoute cette circonstance : L'accusé me dit que la première personne qu'il ferait pendre en montant sur le trône, serait le sieur Duboscq, secrétaire général de la préfecture, qui lui avait ôté douze louis.

Le 47e témoin, Vincent-Emmanuel Chauffard, soldat de la garde royale, et ancien boulanger, fait la déposition suivante : En 1805, je me suis embarqué à Brest, sur le vaisseau *le Patriote* ; sa destination était le Cap de Bonne-Espérance ; mais après avoir éprouvé différens coups de vents, nous sommes arrivés à dix lieues de Baltimore, où j'ai travaillé de mon état de boulanger. En 1807, je désertai pour aller à Philadelphie exercer le même état ; arrivé dans cette ville, je me présentai chez le sieur *Audu*, boulanger, natif de Rouen ; je ne restai chez lui que cinq à six jours, parce qu'il avait à son service l'accusé ici présent, qu'on nommait Charles-le-Fou, ou Charles-le-Braque, qui était chargé de faire le pain et de scier le bois ; il était, comme moi, dans une mauvaise position pécuniaire ; il était, comme moi, déserteur canonnier de marine, division de Lorient, et s'était embarqué sur la frégate *la Cybèle*.

Après être sorti de chez Audu, je fus m'établir chez un autre boulanger, même rue : le prévenu et moi, nous devînmes camarades. Ledit prévenu me dit que son pays était du côté de Saumur ; il quitta à son tour la maison de M. Audu, et alla demeurer chez Cadot ; il partit de Philadelphie, et se rendit à New-Yorck ; je m'y rendis quelque temps après. J'y trouvai Charles, prisonnier, dans une maison où logeaient des Anglais et des Américains ; il était alors proprement vêtu, parce qu'il gagnait de l'argent dans cette maison ; il me vendit un habit-veste pour 2 gourdes et demie (13 francs de notre monnaie) ; il m'a aussi prêté 3 ou 4 gourdins de 25 sous chaque. Je quittai ce pays ; je rentrai en France en 1811, je fus grâcié, et j'arrivai à Rouen en 1815, après avoir repris du service. Il y a deux ans et demi que je montai la garde à la maison de détention ; le prévenu, ici présent, qui y était prisonnier, vint à moi et me dit : C'est toi, Chauffard ; ne te rappelles-tu pas Charles, qui travaillait avec toi chez Audu ? Je le reconnus ; il m'emmena chez le concierge, et nous bûmes quelques bouteilles de vin ; car le camarade a toujours beaucoup aimé à boire. C'est avant de nous mettre à table qu'il me dit, avec son air braque ordinaire, et pour la première fois, qu'il était Louis XVII : je lui fis observer qu'en Amérique il n'avait pas cette prétention. Il me répondit qu'il n'avait pas voulu se faire connaître, parce qu'il n'y avait pas dans ce pays-là de royalistes. Je lui répliquai qu'il aurait pu s'embarquer sur un navire, dont le beau-frère de son maître, boulanger, était capitaine, et rejoindre la famille des Bourbons : il ne me répondit rien.

M. le président. Avez-vous vu l'accusé en Espagne, ou dans quelque château ?

Le témoin. Je ne l'ai pas vu en Espagne, car je n'y ai pas été, et je ne l'ai jamais vu dans aucun château.

M. le président. Bruneau, reconnaissez-vous le témoin ?

Bruneau. J'ai connu un Chauffard qui avait une cicatrice.

M. le président. Eh bien ! celui-là en a une.

Bruneau. C'est un autre.

M. le président. quel est cet autre ?

Bruneau. Je n'ai point de réponse à vous faire.

M. le président. Je le crois, car vous êtes confondu.

Le quarante-huitième témoin, Jean-Baptiste Fortier, âgé de 36 ans, boulanger, dépose qu'il a vu l'accusé causer, dans la maison de détention de Rouen, avec le nommé Chauffard ; ils sont venus dans la boulangerie, ont allumé leur pipe, et ont été boire ensemble chez le concierge.

Le quarante-neuvième témoin, François-Joseph Maître, âgé de 51 ans, sergent au corps d'artillerie de marine, logé place Saint-Ouen, fait la déposition suivante : Je suis parti de Lorient en 1805, dans le quatrième régiment d'artillerie de la marine ; le prévenu ici présent, que je reconnais parfaitement, était dans le même régiment que moi ; il s'est embarqué avec moi ; et on l'appelait *Bruneau* ; nous avons mis à la voile, parcouru différentes mers ; et il a déserté à Norfolck, aux Etats-Unis-d'Amérique ; depuis ce temps, je n'en ai pas entendu parler.

M. le président. Bruneau, reconnaissez-vous le témoin ?

Bruneau. Non, M. le président.

M. le président. Je savais d'avance votre réponse. Il n'en est pas moins vrai que vous êtes entièrement démasqué : il y a dans les faits une concordance parfaite, et on peut vous suivre, pour ainsi dire, pied à pied. Vous sortez de la maison de répression de Saint-Denis, en 1803 ; vous vous engagez au Mans ; vous partez de Lorient avec le témoin, et votre nom était Mathurin Bruneau ; vous désertez à Norfolck ; vous allez à Baltimore, vous y faites connaissance avec Chauffard ; vous restez avec lui quelque temps, et vous exercez l'état de boulanger ; ensuite vous revenez en France : tout cela est clair, précis, positivement établi ; le mensonge, dont vous possédez si bien toutes les ressources, est désormais inutile : aucun mensonge ne peut plus obscurcir la vérité.

Tous les témoins à charge ayant été entendus, M. Dupuis, avocat de Branzon, annonce à M. le président qu'il renonce, ainsi que Tourly, à faire entendre les témoins à décharge.

Audience du 16 février.

Cette audience a été consacrée à l'interrogatoire de *Mathurin* et à celui de Branzon. Nous pouvons garantir l'exactitude des détails qu'on va lire ; nous avons recueilli fidèlement les expressions de *Bruneau*, quelle que soit leur absurdité.

M. le président. Bruneau, levez-vous. (Il se lève.) Comment vous appelez-vous ?

Bruneau. Louis - Charles, duc de Provence.

Demande. Votre âge?

Réponse. Je n'en sais sacredié (éclats de rire bruyans dans l'assemblée) rien; je m'en f..... ; allez à Versailles, à la *bibliothèque*, ou aux Tuileries.

D. Votre demeure?

R. Pas d'asile ; je suis au Panthéon.

D. Où êtes-vous né?

R. Je crois être né à Versailles ; nous sommes deux, un garçon et une fille : elle s'appelle Victoire.

D. Votre état ?

R. Ma foi, je suis chef de tous les états, tantôt menuisier, tantôt charpentier.

D. D'après l'instruction écrite, le débat et les pièces authentiques du procès, vous êtes né à Vezins le 10 mai 1784 ?

R. Je ne crois pas.

D. Vous avez été nommé par votre sœur, femme Delaunay?

R. J'ai été nommé par le duc de Brissac.

M. le président continuant. Et inscrit sur les registres, fils légitime de Mathurin Bruneau et de Jeanne Téniers?

R. Je n'appartiens pas à la famille des Bruneau.

D. Vous êtes resté chez vos père et mère environ six ans, jusqu'à l'époque de leur décès, après quoi la femme Delaunay, votre sœur et votre marraine, qui demeurait à Vihiers, vous prit chez elle et eut soin de vous, ainsi que de Mathurine, votre jeune sœur?

R. Beaucoup de gens ont pris soin de moi. Je suis comme l'oiseau sur la branche ; je me souviendrai des pommes de terre de Vezins.

D. Vous avez dû rester trois ans chez votre beau-frère, après quoi vous l'avez quitté ?

R. J'en ai quitté bien d'autres.

D. Vous vous êtes rendu à la Poise, vêtu comme un petit misérable, et lorsqu'un cultivateur vous demanda qui vous étiez, et que vous eûtes répondu un petit de Vezins, ce cultivateur crut que vous étiez le fils du baron de Vezins, victime de la guerre civile; vous laissâtes ce cultivateur dans sa croyance; vous en protestâtes, et, sur sa recommandation, vous fûtes reçu au château d'Angries, par la dame de Turpin, admis à la table des maîtres, vous disant le fils du baron de Vezins?

R. Qui a donné le château, si ce n'est mon défunt père? Je n'ai pas pu être reçu comme fils du baron de Vezins; j'étais trop jeune pour cela.

D. Combien êtes-vous resté de temps au château d'Angries?

R. Trente mois environ.

D. Qui vous avait conduit au château?

R. Un laboureur que le duc de Chatillon m'avait envoyé, quand ces Messieurs ont été exilés en Suisse. La guerre a recommencé, et j'ai été envoyé chez un sabotier.

D. Un an après votre entrée au château d'Angries, la dame de Turpin, ayant appris que vous n'étiez pas le fils du baron de Vezins, ne vous a-t-elle pas renvoyé en croupe derrière un domestique?

R. Ce n'était pas un domestique; il y en avait un qui s'appelait Francisque.

D. N'avez-vous pas été de Vezins à Vihiers, de Vihiers au Pont-de-Cé, et tout le monde ne vous a-t-il pas reconnu pour *Bruneau*?

R. J'ai été reconduit à Vezins, à Vihiers, où nous sommes descendus à l'auberge du Rocher; jai été élevé dans ce pays-là, les enfans m'ont reconnu; Delaunay et sa femme m'ont élevé; ils descendaient d'Ève et d'Adam comme moi. (On rit.)

D. Le même domestique ne vous reconduisit-il pas au château d'Angries ?

R. Oui.

D. Y futes-vous reçu ?

R. Oui, comme un gentilhomme, et non comme un capucin. (Eclats de rire.)

D. Je vous fais observer, que d'après les dépositions par vous entendues, vous n'avez pas été reçu cette fois comme fils du baron de Vezins, mais comme fils de Mathurin Bruneau, sabotier à Vezins, relégué à la cuisine avec les domestiques, et chargé d'avoir soin des chiens ?

R. Des chiens ! si j'avais été chargé d'avoir soin de la famille (Nouveaux éclats de rire dans toute la salle), à la bonne heure. Cela est vrai comme ceux qui disaient que j'ai été caporal. Je ne m'appelle pas Buonaparte, je suis Louis-Charles, fils de Louis XVI ; je me souviens de la bible que vous avez portée dans l'endroit, et des cochonneries que vous avez faites.

(Mathurin s'étais assis, le président lui dit de se relever.)

Bruneau. Mais sacredié je suis fatigué !

M. le président. Après avoir été reçu par commisération chez Mme de Turpin, cette dame, mécontente de votre conduite, ne vous chassa-t-elle pas ?

R. Non ; elle m'envoya avec ces Messieurs : c'était le domestique du vicomte de Bourmont, et même j'en *parlas* à la Delaunay.

D. Après avoir été chassé ?

R. Chassé !

D. N'allâtes-vous pas chez votre beau-frère ?

R. Non.

D. N'y avez-vous pas appris à creuser des sabots?

R. Oui, à maçonner et à labourer.

D. Si cette dernière réponse est vraie.....

R. Elle est vraie.

D. La précédente ne l'est pas.....

R. Je ne m'appelle pas Bonaparte.

D. Puisque, d'après celle-ci, vous aviez été envoyé auprès du chef de la Vendée ?

R. L'abbé *Mamouquet* le savait bien ; d'ailleurs je persiste dans ma dernière réponse.

D. Delaunay, mécontent de votre conduite, ne vous a-t-il pas renvoyé, vous donnant un petit sac contenant quelques effets, et un peu d'argent..... Regardez-moi, Bruneau. (Il regardait dans la salle.)

R. Je regarde le public ; c'est impertinent de regarder un homme en face..... Delaunay a pu me chasser, nous n'étions pas *du même* opinion ; je ne me souviens pas du sac.

D. Après avoir été chassé par Delaunay, muni du petit sac, ne vous êtes-vous pas rendu à Chanteloup, chez la dame Cassins, accompagné de plusieurs camarades ?

R. On me croyait d'un côté quand j'étais de l'autre : j'étais comme Jean-Bart. Delaunay n'est pas mon beau-frère ; j'ai été chez la dame Cassins avec les nommés Bernard, maire de l'endroit, et Butin, agent municipal.

D. N'avez-vous pas fait chez la dame Cassins une dépense de 30 à 40 sous ?

R. De 20 sous; j'y ai mangé une salade de chicorée.

D. N'ayant pu payer la dépense.....

R. Je l'ai payée.

D. N'avez-vous pas engagé la dame Cassins de prendre votre sac en nantissement ?

R. Non.

D. Il est rapporté que vos camarades vous appelaient, par ironie, baron de Vezins ?

R. Je suis duc.

D. Que la dame Cassins ne vous connaissait pas, ne voulait pas prendre votre sac, ni vos effets ?

R. J'en ai b........t des effets ! (Rires bruyans.)

D. Mais que, sur l'observation qui lui fut faite par vos camarades, que vous étiez beau-frère de Delaunay, elle le prit, et vous en allâtes ?

R. Je *demandas* une chambre, je *payas* ma dépense, et je *laissis* mon sac ; je suis allé dans les bois de la Loire.

D. Quelque temps après, n'avez-vous pas été arrêté et détenu à Saint-Denis, le 11 août 1803, comme étant sans asile et imbécille ?

R. J'ai d'abord été arrêté à Arpajon, et conduit aux Ursulines, à Orléans ?

D. N'avez-vous pas été porté sur les registres de la maison de détention de Saint-Denis, sous le nom de *Mathurin Bruneau*, sabotier à Vezins ?

R. Oui. Je ne sais pourquoi le secrétaire de police me fit passer dans un bureau, d'où l'on me *conduisa* à Saint-Denis.

D. N'a-t-on pas pris votre signalement ; n'avez-vous pas vous-même indiqué vos nom et prénom ?

R. On ne m'a rien demandé ; on savait bien qui j'étais. Fouché est venu ; on a évacué les prisonniers de Saint-Denis.

D. Les personnes chargées des registres de cette maison ont porté sur votre écrou, sous la date du 11 août 1813, que vous présent, puisque vous convenez avoir été détenu à Saint-Denis, étiez *Mathurin Bruneau*, sabotier à Vezins ?

R. Il y en a beaucoup de sabotiers.

D. Étant détenu à Saint-Denis, n'avez-vous

pas écrit ou fait écrire pour demander un certificat, afin de sortir de prison ?

R. Oui. J'ai demandé à Delaunay un *certificat d'honnête homme*, *que je n'ai pas reçu* (On rit) ; mais on m'a dit qu'il avait été envoyé.

D. Delaunay a envoyé ce certificat à Mathurine Bruneau, femme Plumel, à Saumur, laquelle vous l'a fait passer, en y joignant deux pièces de six francs ; vous avez reçu le tout, vous en êtes convenu devant le juge d'instruction, et ici aux débats ?

R. Oh ! j'ai une tête d'à-plomb ; j'ai reçu à Saint-Denis deux pièces de six francs, mais d'une autre main.

D. Vous ne pouvez méconnaître avoir reçu les deux pièces de six francs, par les soins de la femme Plumel, et la vérité de ce fait sort de ce qu'ayant été confronté avec la femme Plumel, et touché alors des larmes qu'elle répandait, parce que vous ne vouliez pas la reconnaître pour votre sœur, tandis qu'elle vous reconnaissait pour son frère, vous lui dîtes : Ne pleure pas Mathurine?

R. Si vous étiez dans une *chaise* vous prêcheriez très-bien. *Bruneau* était un honnête homme. S'il n'y avait pas eu tant d'intrigues par le clergé, nous n'aurions pas eu la guerre : oh ! je réponds *analogue*.

D. N'est-ce pas après avoir reçu le certificat et les deux pièces de six francs, que vous avez été conduit de la maison de Saint-Denis à la préfecture de police ?

R. J'ai été à la préfecture de police.

D. Où vous a-t-on donné la liberté ?

R. Le branle était donné à Saint-Denis; on *m'introduisa*, et l'on me *reconduisa* de brigade en brigade à Lorient.

D. Avant cela, n'avez-vous pas été au Mans?

R. Oui, au collége.

(Où *Bruneau* n'a pas fait de brillantes études, comme on peut s'en convaincre.)

D. Nest-ce pas là que vous vous êtes engagé?

R. On a *pas* trouvé ma signature *su z'aucun* registre de la marine.

D. Vous ne répondez pas à ma question; et j'ajoute que sur les registres du ministre de la marine, vous êtes porté comme vous étant engagé au Mans, le 1.er frimaire an XII (23 novembre 1803), sous le nom de Mathurin Bruneau fils?

R. Non; je ne vends pas comme ça ma tête. J'ai été conduit à la Flêche par un *sargent*, et ensuite à Lorient.

D. Quel emploi vous a-t-on fait prendre?

R. Simple militaire. J'ai déserté à Norfolk: je ne suis pas comme ceux qui disaient que Buonaparte était le bon Dieu.

D. La preuve que vous avez été engagé résulte de votre réponse: « Que vous étiez simple militaire, et que vous avez déserté. »

R. A moins qu'on ne me fasse comme au duc d'Enghien, et qu'on n'envoie des barriques de chair humaine à New-Yorck.

D. Avez-vous été incorporé dans l'ex-4e régiment d'artillerie de marine, comme canonnier aspirant?

R. Le *coronel* Bourmont peut le dire.

D. Avez-vous fait partie de l'équipage de la frégate *la Cybèle*?

R. Oui; j'ai aussi monté sur la frégate *la Constitution*. Je ne suis pas le bœuf gras.

D. N'aviez-vous pas à bord de cette frégate un nommé François-Joseph Maître?

R. Je ne connais pas cet homme-là: il y en avait tant!

D. Ne vous appelait-on pas sur cette frégate, Bruneau!

R. Tantôt baron de Vezins, tantôt Bruneau, tantot cousin de l'abbé Bernier, évêque d'Orléans.

D. Où avez-vous déserté?

R. Je n'ai point déserté, je ne *leux* appartenais pas; j'allai à Norfolk comme vous y avez été vous-même.

D. Où avez-vous ensuite dirigé vos pas?

R. Aux Etats-Unis, pour voir nos anciens amis; du côté de Saint-Pétersbourg, de droite et de gauche, et *dans le derrière du pays.*

D. N'avez-vous pas été à Philadelphie en 1807?

R. Oui.

D. Qu'y avez-vous fait?

R. Tous les états.

D. Quels états?

R. Tantôt l'un, tantôt l'autre.

D. Chez qui?

R. Chez d'*zhonnêtes* gens; chez Clin, tailleur de pierre, comme j'avais fait dans ma jeunesse.

D. N'avez-vous pas été comme second garçon boulanger chez Audu?

R. Oui; vous devez m'y avoir vu, et vous m'avez vu aussi à New-Yorck; je cassais le bois et portais le pain.

D. De chez Audu n'êtes-vous pas allé chez Cadot?

R. Oui. J'ai passé toutes ces maisons-là en revue.

D. Chez Audu et chez Cadot n'êtes-vous pas devenu l'ami d'un nommé Chauffard?

R. Je n'ai d'amis que le père Thomas, ancien moine: il a été dans votre couvent.

D. Je vous ai fait représenter un Chauffard; était-ce celui-la?

R. Je l'ai vu comme bien d'autres ; il avait une certaine maladie.

D. N'avez-vous pas quitté Philadelphie pour New-Yorck ?

R. Oui, pour voir mes amis.

D. Qu'avez-vous fait dans cette ville ?

R. J'étais toujours voltigeant.

D. N'avez-vous pas été placé comme domestique dans une maison où il n'y avait que des Anglais et des Américains ?

R. Oui ; mais je n'ai pas été cocher.

D. N'avez-vous pas revu Chauffard dans cette même ville ?

R. Je le crois.

D. Ne lui avez-vous pas vendu un habit-veste ?

R. Non. Je n'ai jamais été à court d'argent; j'en avais tant que j'en voulais ; *il ne pendait* que de parler. J'étais comme le père Pancrace ; j'amassais des écus.

Bruneau s'était assis.

M. le président. Levez-vous.

Bruneau se levant. Monseigneur....... J'ai quitté New-Yorck par les cheminées de la cuisine.

D. Par quelle voie êtes-vous rentré en France ?

R. J'ai été à Boston, à Madère, au Brésil, de côté et d'autre ; les marchands de chair humaine doivent le savoir.

D. Où êtes-vous débarqué en France ?

R. A Saint-Malo, sans naufrage, comme M. Dumolet. (Éclats de rire universels et prolongés.)

D. N'avez-vous pas épousé une riche héritière ; n'avez-vous pas une habitation et deux cents nègres ?

R. Deux cents nègres! b..gre ! ma sœur pouvait en avoir ; j'étais nègre moi-même : je travaillais de côté et d'autre.

D. N'avez-vous pas porté le deuil en France?

R. J'ai porté le deuil d'une femme que je n'avais pas épousée, mais que j'avais entrevue seulement.

D. N'en avez-vous pas deux enfans?

R. Deux enfans! un peut-être qui n'est pas bâtard?

D. De Saint-Malo, où avez-vous été?

R. A Rennes, à Angers; j'ai voulu aller à Paris; j'ai fait fausse route et suis venu à Saumur, chez la femme Plumel, chez un musicien qui *jouait* de la musique, de là chez la veuve Phelippeau à Varesnes.

D. A Philadelphie et à New-Yorck, comment vous appelait-on?

R. Charles, Charlemagne; et vous, comment vous appelle-t-on? Mon oncle veut me faire passer pour un bâtard, mais je me moque de lui.

D. Aviez-vous un passeport en arrivant en France?

R. Oui, de M. Dubois, à Saint-Servan, près le Séminaire.

D. Le sceau d'Angleterre y était-il?

R. Le général anglais n'était pas levé. Je m'appelais Rodolphe.

D. En arrivant chez la veuve Phelippeau, comment étiez-vous vêtu?

R. J'avais une veste, un pantalon et des sandales; je sortais du régiment des capucins.

D. N'avez-vous pas rencontré alors un sieur Fraimbault?

R. A propos, c'est vrai, assez et *cocassement*.

D. Que vous dit-il?

R. Je ne peux pas le dire, Monseigneur; il croyait que j'étais le fils Phelippeau, je lui dis qu'il se trompait.

D. Vous donna-t-il de l'argent?

R. Il voulait me donner des louis; mais il n'en avait pas. Il me *metta* deux pièces de 6 fr. dans ma poche. Monseigneur, voulez-vous me permettre de m'asséoir? — Je vous le permets.

D. Que fites-vous chez la veuve Phelippeau?

R. Je *demandas* du vin, vous devez le savoir.

D. Cette veuve ne vous conduisit-elle pas dans son jardin?

R. Oh oui! elle me donna la seule poire qui fut dedans.

D. Ne lui dites-vous pas que vous étiez son fils?

R. Je ne suis pas de 36 familles, je reconnais deux de mes sœurs.

D. La veuve ne vous a-t-elle pas habillé, nourri, donné de l'argent, une montre d'or?

R. Oh! je n'étais pas gêné, je prenais à même; elle m'a bien donné mille francs; mais elle sera bien payée, j'ai de l'argent à la banque de France. En quittant Varesnes, j'ai été en Bretagne, en Poitou, en Saintonge, à Fontenay-le-Peuple; j'ai été à Vihiers avec le petit bossu, chez Mme Amand, au *Lion d'or*; puis chez Delaunay, après avoir fait faire ma barbe, car j'avais une barbe de capucin: j'ai bu une bouteille de vin blanc, Monseigneur.

D. La femme Delaunay vous a-t-elle reconnu pour son frère?

R. Je n'ai qu'un frère et une sœur, elle m'a reconnu pour son frère, je la reconnais pour la fille du duc de Juigné. Avez-vous lu la Bible? J'ai vu Delaunay, nous nous sommes embrassés en pleurant, comme l'enfant prodigue (On rit): vous rappelez-vous de la tragédie? J'y couchai et repartis le lendemain; je voulus payer, mais on ne voulut pas. Je crois que c'est vous qui lui avez montré à danser, à Delaunay. (Un fou parlerait-il autrement?)

D. N'avez-vous pas été chez la femme Cassins, à Chanteloup?

R. Je me suis *ran*fraîchi à Vezins.

D. Etiez-vous à cheval?

R. J'étais peut-être sur ma bourrique, c'est plus noble. (On rit de nouveau.) Je laissai mon sac chez la dame Cassins, pour me souvenir de l'endroit, comme Georges III. Je dis à la dame Cassins que j'étais avec un M. Decome; son père était un *ancien vieillard* de l'Auvergne; et quand j'aurais été le baron de Vezins, cette famille venait de nos *descendans.*

(*Bruneau* s'était relevé, il dit au président: Monseigneur, voulez-vous me permettre de m'asseoir.) De chez la veuve Cassins j'ai été à Saint-Aubin pour voir la marquise de Laroche-Jacquelein. Plus d'un mois après je fus à Saint-Malo, où l'on m'arrêta. On ne me dit *ni quoi ni qu'est-ce.*

D. Quel a été le motif de votre arrestation?

R. M. Petit Pierre me demanda mes papiers, je dis que je n'en avais pas besoin en France.

D. Ne vous disiez-vous pas Louis XVII?

R. Je crois que je le suis; je n'en ai jamais parlé aux Etats-Unis; j'en avais seulement donné quelque *teinture.*

D. Et en France?

R. Oui, au duc de Bouillon, vous le savez bien. De Saint-Malo, on m'a conduit à la conciergerie de Rennes, et de là, à la maison de détention de Rouen.

D. De quels objets étiez-vous porteur en arrivant?

R. Je n'étais pas porteur de grand'chose.

D. Vous n'aviez donc ni argent, ni diamans, ni billets de banque de 500,000 fr. ?

R. Tout cela m'est venu après, par les personnes qui m'étaient attachées.

D. Leurs noms ?

R. Le général Jakson, le général Moreau.

D. Mais à cette époque le général Moreau était mort ?

R. Il y en avait d'autres. Qu'on se rappelle *du* Hâvre et de la frégate *la Constitution*, on doit savoir où l'on a envoyé mon argenterie. On a persécuté ma sœur ; quoique Masséna *était* mort, on doit savoir ce qui s'est passé.

D. A quoi vous êtes-vous occupé à Bicêtre ?

R. Je me suis amusé de droite et de gauche.

D. Avez-vous connu à Bicêtre Branzon et Tourly ?

R. Oui, qu'on se rappelle *des* canards : il n'y a jamais eu de justice à Rouen.

D. Levez-vous, *Bruneau*.

R. Monseigneur, j'étais traité comme les prisonniers les plus vils.

D. Larcher et Tourly n'ont-ils pas écrit les mémoires de votre vie?

R. Vous les aviez peut-être écrits auparavant; il n'y a pas de peut-être : Tourly était un *copieur*. (On rit.) Larcher était un ancien prêtre, il écrivait pour faire gagner la *Bibliothèque*.

D. Tourly a-t-il écrit des proclamations ?

R. Oui, dans tout l'arrondissement de Rouen; quand on n'a pas voulu de mon oncle à Bicêtre, je suis venu seul.

D. Larcher a-t-il composé votre vie ?

R. Il aurait été difficile d'écrire une vie aussi orageuse.

D. Branzon n'a-t-il pas écrit des lettres qui devaient être remises à MADAME ?

R. C'était d'après mon ordre.

D. La dame Dumont n'a-t-elle pas été vous voir à Bicêtre ? R. Oui.

D. Vous a-t-elle donné de l'argent ?

R. Je ne m'appelle pas le général *Morctiers*.

D. Cet argent ne vous fut-il pas donné parce que vous vous disiez Louis XVII ?

R. Certainement, comme à leur maître.

D. M. l'abbé Matouillet n'est-il pas venu vous voir ?

R. Oui, comme ancien aumônier de ma sœur.

D. N'a-t-on pas tenté de faire parvenir à MADAME des lettres, des mémoires et votre portrait ?

R. Oui : mon portrait est assez *commun*.

D. N'aviez-vous pas un cachet, une griffe ?

R. Oui, en mon nom. Monseigneur, voulez-vous me permettre de m'asseoir ?

R. Asseyez-vous.

D. Qui avait fait ce cachet, cette griffe ?

R. Un graveur que je ne connais pas. Je ne sais de *queux* pays *qu'il* était.

D. Où cachait-on vos lettres ?

R. Dans la chambre où je prenais mes repas : mais saquerdié vous m'épuisez l'estomac, Monseigneur. (Eclats de rire bruyans dans l'assemblée.)

D. Libois était-il présent ?

R. Certainement, et Branzon aussi.

D. Qui apposait le cachet ?

R. Branzon, d'après mes ordres ; il faisait son devoir ; c'était pour ma sœur, je ne me cachais pas.

D. Payiez-vous personnellement toute votre dépense à Libois ?

R. Je ne dois à Libois *que le respect*.

D. La dame Dumont payait-elle aussi ?

R. Oui, Monseigneur.

D. Combien a-t-elle payé ?

R. Je n'avais pas de commis ; je n'ai pas relevé mes comptes.

D. Avez-vous reçu de Vignerat trois pièces d'or ?

R. Bien davantage, 800 fr. à peu près.

D. Quelques autres personnes vous ont-elles donné de l'argent ?

R. Beaucoup, excepté vous, M. l'abbé, dont les députations ne m'intéressaient guère.

D. Ces personnes vous regardaient-elles comme *Charles de Navarre* ?

R. Comme fils de Louis XVI.

D. La dame Jacquière vous a-t-elle visité ?

R. Plusieurs fois.

D. Ne s'est-elle pas jetée à vos pieds ; ne vous a-t-elle pas demandé la permission de vous baiser la main ?

R. Je lui ai dit de se relever.

D. Lorque vous vous promeniez un jour à Bicêtre, n'avez-vous pas reconnu une sentinelle, et ne lui avez-vous pas dit : « Te voilà, Chauffard ?»

R. Vous répétez la même chose trente-six fois, c'était bon quand vous montriez à danser. Est-ce que je prends le profil de tous ceux que je vois.

(L'avocat de Branzon fait remarquer que son client ne pouvait être présent à l'apposition des cachets : Mathurin prétend qu'il y était ; Branzon assure qu'il n'y était pas, et qu'il n'a écrit que de simples notes ; *Bruneau* dit à Branzon : « Ne craignez rien, quand ma sœur sera venue... »)

Le président à Bruneau. Vous connaissiez le sieur de Foulques ?

R. Oui, et sa femme aussi. Je connais encore le comte de la Brosse, de Philadelphie.

D. En quoi consiste le signe de reconnaissance convenu entre vous et lui?

R. Ma sœur doit le savoir et vous aussi.

Le sieur de Foulques est appelé sur la demande du procureur du Roi.

Le président au témoin. Quel est le signe de reconnaissance dont il vient d'être parlé?

R. Il n'en existe pas; mais s'il en existait un, je crois que je ne serais pas obligé de le faire connaître.

Bruneau. Quoiqu'on ait dévasté le Muséum et les Tuileries, il en existe des signes. Je ne dois rien en Angleterre, ni à aucune autre puissance.

Ici se termine le fatigant interrogatoire de *Bruneau*, qui entend très-bien à faire le fou, ainsi qu'on a pu s'en convaincre : il parle cependant quelquefois de très-bon sens. Il disait hier dans la prison : *Quoique ça, le président est fin ; il m'a pris à deux endroits.*

Interrogatoire de Branzon, Tourly et de la dame Dumont.

Branzon se lève; Mathurin lui offre sa place: Branzon répond sans quitter la sienne.

Après avoir répondu aux premières questions de forme, il ajoute :

Je n'ai pas eu connaissance des lettres qui ont été écrites à Bicêtre ; je n'étais pas lié avec Bruneau, n'étant arrivé à la maison de détention que le 7 décembre ; je me suis mis en pension chez le concierge Libois, où mangeait aussi Bruneau ; mais il ne s'est établi entre lui et moi aucune intimité. Peut-être me suis-je décidé à quelques actes de complaisance, et en effet j'ai rédigé pour lui quelques notes.

D. En quoi consistaient ces notes? — R. En particularités sur sa vie.

De droite et de gauche, dit Mathurin.

Et je n'en aurais rédigé aucune, continue Branzon, s'il se fut exprimé ou conduit à Bicêtre comme il le fait ici.

D. Sous quel nom rédigiez-vous ces notes ?

R. Sous le nom de Charles, le seul qu'on lui donnât dans la maison.

D. Donnez quelques idées de ces notes ?

R. Elles étaient relatives au prétendu enlèvement du dauphin ; quelques-unes étaient déjà consignées dans l'histoire, d'autres y avaient seulement rapport.

D. Les notes que vous rédigiez étaient-elles prises sous la dictée du prévenu ou sur d'autres notes écrites ? — R. J'écrivais sous la dictée.

D. N'avez-vous pas écrit, pour le prévenu, des lettres adressées à MADAME ? — R. Le prévenu ne cessant de me dire qu'il était Louis XVII, je lui répondis que sa famille seule pouvait le reconnaître, et que c'était à elle qu'il devait s'adresser. Je n'ai fait que le canevas de la lettre du 18 mars, et qui est aux pièces du procès ; je l'ai fait, ce canevas, sous la dictée du prévenu ; c'est moi qui ai mis, toujours sous la dictée du prévenu, l'anecdote relative à Chauffard.

D. A qui cette lettre a-t-elle été remise, et par qui a-t-elle été portée ? — R. Je ne sais ; je n'ai rien fait autre chose dans cette affaire.

D. Avez-vous vu le cachet et la griffe ?

R. Jamais.

D. Avez-vous vu la dame Jacquières avec le prévenu ? — R. Oui.

D. Que s'est-il passé entre elle et Charles ?

Bruneau, interrompant : Vous pourriez dire *Monsieur*. Le nom de *Monsieur* ne vous écorcherait pas la bouche.

Branzon. Elle le traitait avec les égards qu'elle croyait devoir au personnage qu'il se disait être.

D. Lui a-t-elle donné une montre? s'est-elle jetée à ses genoux? lui a-t-elle baisé la main?

R. On me l'a dit.

D. Y avez-vous vu le sieur de Foulques? — R. Oui, et il agissait à peu près comme la dame Jacquières.

D. A-t-il été question d'un signe de reconnaissance? — R. J'en ai entendu parler; mais je ne le connais pas. J'ai pu avoir été induit en erreur; mais je la reconnais et j'y renonce.

Bruneau. Il n'y a pas d'erreur.

Le président. Avez-vous vu la dame Dumont avec le prévenu? — R. Oui.

D. A-t-elle mangé avec lui? — R. Non.

D. Lui a-t-elle donné des effets et de l'argent?

R. Je l'ignore.

D. Saviez-vous que Tourly eût fait des écrits pour le prévenu? — R. Non.

D. Avez-vous joué avec *Bruneau*? — R. Oui: Libois jouait avec nous; mais je perdais presque toujours.

D. Avez-vous eu querelle avec le prévenu, et ne vous a-t-il pas porté un coup? — R. Le prévenu étant un peu plus gai que de coutume, voulut porter la main à ma casquette et me blessa très-légèrement; si je ne l'avais pas vu ivre, je l'aurais rudement repoussé: c'eût été la première fois que l'on m'eût outragé de la sorte, et je n'ai pas dit: *Voila comme Sa Majesté arrange ses sujets.*

D. Savez-vous si le prévenu n'a pas fait tous ses efforts pour répandre au-dehors le bruit qu'il était Louis XVII? — R. Il se disait tel, mais je ne l'ai jamais appelé que M. Charles.

Bruneau. Vous devez vous en souvenir, quand

le général l'Amiral est venu pour prendre Belle-Isle.

M. le président à Branzon. Savez-vous si des personnes ont apporté des secours considérables à *Bruneau*, le croyant Louis XVII ? — R. Non.

D. N'avez-vous pas profité des sommes d'argent qu'on faisait passer au prévenu ? — R. On ne me fera pas l'injure de le penser, j'ai trop d'honneur dans l'âme (murmures) ; j'en aurais plutôt dépensé : je défie qui que ce soit de prouver pareil fait.

Sur l'invitation de M. le procureur du Roi, M. le président demande à Branzon s'il n'a pas conseillé de faire imprimer les mémoires du prévenu, parce que cela produirait un grand effet. Branzon répond que s'il avait eu connaissance d'une pareille proposition, il l'eût dénoncée, bien loin de la favoriser, malgré son mépris pour les délateurs.

M. le président. N'avez-vous pas dit que vous n'auriez pas rédigé une seule note pour le prévenu s'il se fût montré à Bicêtre, tel que vous l'avez vu aux débats? — R. Lorsque le prévenu était à Bicêtre, il se faisait entendre et ne déraisonnait pas ; mais depuis qu'il est aux débats, c'est tout autre chose. J'ajoute qu'il s'énivrait quelquefois, et que j'étais bien aise de le voir dans cet état pour le mieux étudier.

In vino veritas, a dit un spectateur.

Bruneau. Je n'ai pas été élevé dans une boîte à coton.

Branzon. Je répète que je n'ai écrit que sous la dictée du prévenu, ce qui a rapport à son histoire.

Bruneau. Tenez, en voilà des historiens. (En montrant les personnes qui prenaient des notes.)

Audience du 17 février.

Branzon demande que les sieurs Tournebise, Libois, Poirel et la dame Morin soient entendus, sur le fait de savoir si Bruneau n'était pas à Bicêtre tout autre qu'il n'est aux débats. M. le procureur du Roi demande que les sieurs Jeulin, régisseur, Allan, Blanchemin et Guérin, concierge du palais, soient entendus sur le même fait.

Le sieur Jeulin dépose que Bruneau a toujours été ce qu'il est, sans esprit, sans raisonnement suivi, ayant les inclinations les plus basses, et qu'il l'a toujours considéré comme un imposteur sans moyens.

Le président. Branzon, vous entendez ?

Branzon. Je persiste dans mon observation.

Bruneau. Vous êtes officier de la Légion-d'Honneur ; je n'étais pas avec Bonaparte.

Le sieur Jeulin ajoute que Bruneau s'énivrait avec les détenus les plus vils de la maison.

Bruneau. Je ne devais pas être sou comme un ours, sauf le respect de la compagnie. Tas de brigands, tas de gueusards, quoique je n'aie pas vos manières gentilles (en s'adressant au sieur Jeulin), j'ai autant d'éducation que vous ; je sors des montagnes d'Auvergne.

Allan dépose dans le sens du sieur Jeulin. Il ajoute que Bruneau était, à Bicêtre, aussi impertinent qu'il l'est aux débats.

Bruneau. Impertinent ! avec ceux qui le méritaient.

Blanchemin dépose que Bruneau raisonnait quelquefois *à peu près* étant à Bicêtre, et mieux qu'aux débats.

Bruneau. Je crois être en Angleterre ; j'ai une parole au barreau.

Le président au témoin. Avec qui le prévenu était-il le plus souvent ?

Je ne sais pas, *vertu* que je n'entrais pas dans les chambres. Il buvait, fumait et s'énivrait.

Le sieur Guérin. J'ai vu à Bicêtre Branzon. Il m'a dit que Bruneau était un imbécile, et qu'il n'y avait pas de ressource avec lui. Je lui répondis, en riant, qu'il était pourtant ministre des finances du Roi : Branzon répliqua qu'il aimerait mieux être grand-juge, toujours en disant que Bruneau était une bête.

Bruneau. Je suis bon cheval de trompette.

Le sieur Guérin ajoute que Bruneau, en arrivant au palais, était *encore plus bête qu'aujourd'hui*; qu'il a été obligé de le mettre au cachot plusieurs fois, et de le sevrer de vin.

Bruneau. Ah! parbleu, je ne m'en soucie guères de votre vin; il n'était déjà pas si bon! J'ai été à Madère.

Le sieur Cornebise, ex-avocat, maintenant détenu à Bicêtre par jugement militaire, dépose qu'étant à Saint-Lô, la dame Morin lui avait dit qu'à l'air d'assurance de Bruneau, elle avait bien pu être sa dupe, ainsi que Branzon.

La dame Morin déclare qu'elle ne s'est jamais trouvée assez long-temps avec le prévenu pour savoir si ses idées étaient toujours bien nettes; que son langage était rustique, aussi bien que ses manières; mais qu'elle a pu dire au témoin précédent ce qu'il a rapporté.

Le sieur Libois. J'ai vu le prévenu très-sain à Bicêtre : ce n'est plus le même homme.

Bruneau. Je suis toujours le même; ceux qui me renient, je me moque *de eux*.

Il était fin, continue le sieur Libois, et surtout *quand il était dans le train.*

Bruneau. Faut-il pas que je boive? Vous buvez bien la goutte, vous! C'est comme l'abbé Bonnet, qui avait un verre à deux mains.

Le sieur Poirel, ex-avocat. Ami de Libois, j'allais à Bicêtre, et j'y vis le prévenu. Il me conta son histoire. *Je lui dis qu'il avait pris le roman par la queue*; qu'au lieu de se faire mettre en prison, il aurait dû se rendre à Paris. Je lui ai trouvé du raisonnement, de la suite dans les idées, de l'esprit naturel.

Bruneau. C'est le principal; je suis comme Jean-Bart.

Ici, continue le sieur Poirel, ce n'est plus la même chose.

Bruneau. C'est toujours la même tête, la même boule.

On passe à l'interrogatoire de Tourly, ex-huissier. Il convient que, quoiqu'il n'ait pas *eu* une intime liaison avec le prévenu, il a écrit pour lui, mémoires, proclamations, lettres, tant à MADAME qu'à la chambre des pairs et à celle des députés. Il signait pour lui, Bruneau ne le voulant pas faire, et lui ayant déclaré qu'il ne signerait que quand il serait monté sur le trône.

Tourly assure avoir remis ces proclamations au sieur Jeulin; et en effet il en a remis une copie; mais il demeure constant qu'il en a gardé d'autres copies, qu'on a trouvées quelques jours après dans son carton. Il écrivait au surplus sous la dictée du prévenu; et il mettait seulement *ce qu'il appelle du français.*

Bruneau chantonne. Il dit qu'il se souvient du saule pleureur; qu'il a tout dans son catalogue (montrant sa tête), et qu'il n'a pas besoin de guide-âne.

Tourly a *vu* mais non *entendu* lire le prévenu,

qui lui disait souvent qu'il savait mieux lire et écrire que lui.

Bruneau parle de la Vendée, de la banqueroute frauduleuse, d'argent volé, de bataille, et ajoute : *Ces b. .gres-là ont de l'esprit, tout de même.*

Le président. Avez-vous vu l'abbé Matouillet avec Bruneau?

R. Oui; mais je n'ai rien entendu de ce qu'ils ont dit.

D. Connaissez-vous le cachet et la griffe?

R. Non.

Bruneau. Comme il était du parti de la mouche, et il y en a tant en Normandie! ..... Les Normands ne sont pas bêtes; mais ils n'ont pas tant d'esprit qu'en Poitou. Le grand Corneille n'est pas né à Rouen.

La dame Dumont. Elle connaît Bruneau depuis le 12 juin 1816; elle a été le voir par curiosité, y a conduit ses enfans, une dame et le sieur Moutier; Bruneau lui a dit qu'il était fils de Louis XVI. Elle n'a pas connaissance de la lettre écrite à MADAME, ayant été consignée avant l'époque où elle fut écrite. Elle a donné de l'argent au prévenu, et ne se souvient pas de la somme.

Bruneau. Dix mille francs, une bagatelle.

La dame Dumont assure que toutes les sommes réunies ne vont pas à 1200 francs. Elle fait observer d'ailleurs que depuis long-temps elle porte des secours dans les prisons et les hôpitaux.

Bruneau. Louis XIV avait bâti l'hôpital de Rochefort.

Le portrait de Bruneau a été trouvé chez la dame Dumont, mais elle déclare qu'il y avait été déposé sans son aveu, pour ainsi dire, par le sieur Moutier, qui devait venir le reprendre, et qui n'est pas venu.

Le président. M. le procureur du Roi, avez-vous quelque observation à faire?

Bruneau. Je ne le reconnais pas pour mon procureur.

La dame Dumont était dépositaire d'une prophétie de Saint Césaire ; cette prophétie est écrite par la même personne qui a écrit la lettre à MADAME. On représente cette lettre à la dame Dumont ; elle ne connaît pas l'écriture.

Bruneau est invité à lire la lettre. Il la prend, la tourne dans tous les sens, rougit, ne peut pas lire, et remet la lettre en disant : *Je vous rends le réciproque de Boston.* Bruneau pâlit, et semble entièrement déconcerté.

Après une courte suspension de la séance, M. le procureur du Roi résume les débats. Ce résumé étant la répétition presque littérale de tout ce que nous avons inséré jusqu'à ce moment, nous ne croyons pas devoir le rapporter ici. Il suffira de dire que M. le procureur du Roi prend Bruneau à sa naissance, et qu'il le conduit pour ainsi dire par la main chez le cultivateur de la Poize, au château d'Angries, chez ses parens de Vezins, de Vihiers et du Pont-de-Cé. M. le procureur du Roi suit Bruneau dans son retour chez la dame de Turpin, chez Delaunay son beau-frère, à la maison de détention de Saint-Denis, au Mans, à Lorient, sur la frégate *la Cybèle*, en Amérique, à Philadelphie, à New-Yorck ; il le ramène chez la veuve Phelippeau, chez ses parens, qui le reconnaissent tous les uns après les autres ; il l'accompagne jusque dans la maison de détention de Rouen ; et, après avoir établi la culpabilité de Bruneau, et discuté les chefs d'accusation qui pèsent sur les autres prévenus, il se résume en ces termes :

« Attendu que les débats ont éminemment établi l'idendité du principal prévenu avec la personne de *Mathurin Bruneau*, né le 10 mars 1784 à Vezins, arrondissement de Beaupréau, département de Maine-et-Loire, du légitime mariage de Mathurin Bruneau, sabotier, et de Jeanne Téniers ;

» Attendu que cette identité résulte des propres reconnaissances du prévenu ; qu'elle sort, en outre, avec le plus haut degré de l'évidence ;

» 1.° Du rapprochement de ses aveux d'avoir passé quelque temps, en 1795, chez Mme la vicomtesse de Turpin, au château d'Angries, avec les dépositions d'un grand nombre de témoins, qui constatent que l'enfant reçu audit château comme *fils de M. le baron de Vezins*, est bien le *Mathurin Bruneau* ci-dessus désigné ;

» 2.° De la réclamation, par lui faite en 1815, chez la dame Cassins, aubergiste à Chanteloup, d'un petit sac laissé pour gage de sa dépense, quinze ou seize années auparavant, par le beau-frère du sieur Delaunay, de Vihiers, ayant épousé Jeanne Bruneau, sœur et marraine dudit *Mathurin* ; réclamation dont l'objet ne put être compris par la dame Cassins, que lorsque le prévenu, qu'elle reconnaît aujourd'hui parfaitement, lui eut rappelé que ce sac avait été déposé par un jeune homme que ses camarades appelaient, par dérision, *le baron de Vezins* ;

» 3.° Elle sort de cette identité du fait que le prévenu a rappelé lui-même à sa sœur, Mathurine Bruneau, épouse du sieur Plumel, et qui confirme la vérité de l'emprisonnement de Bruneau à la maison de répression de Saint-Denis, près Paris, en 1803. Ce fait est que la dame Plumel envoya, à cette époque, à Mathurin Bruneau son frère, alors détenu à Saint-Denis, 1.° un certificat qu'il avait demandé à Jeanne Bruneau, femme Delaunay, son autre sœur, à qui il avait *fait écrire* à cet effet; 2.° deux écus de six livres que la dame Plumel joignit au certificat, et que le prévenu est convenu, à l'audience, avoir reçus par l'intermédiaire d'un sieur Lambert, négociant à Paris, dont il a indiqué le domicile en en désignant la rue et le numéro;

» Attendu qu'il résulte de l'extrait du contrôle de l'ex-4e régiment d'artillerie de la marine, que le 1er frimaire an 12 (23 novembre 1803), neuf jours après la mise en liberté de Mathurin Bruneau, détenu à Saint-Denis, un individu, portant le même nom et le même signalement que le prévenu ici présent, fils aussi de Mathurin Bruneau et de.... Teniers (sans prénom), s'engagea au Mans; qu'il arriva à Lorient le 3 février 1804, fut incorporé dans ledit régiment en qualité de canonnier aspirant, et enregistré sur le contrôle du corps au n.° 1981;

» Qu'en marge du nom de Mathurin Bruneau, et sur le contrôle, se trouve le certificat de sa désertion à Norfolck (Etats-Unis), le 4 octobre 1806, de la frégate la *Cybèle*, et de sa condamnation par contumace, comme déserteur, à sept années de travaux publics et à 1500 fr. d'amende, par jugement du conseil de guerre séant à Lorient, rendu le 28 décembre 1807;

» Attendu que, dans son interrogatoire prêté le jour d'hier à l'audience, le prévenu a confessé être la personne qui, de la préfecture de police, fut conduite à Lorient de brigade en brigade, enrôlée dans le 4e régiment d'artillerie, embarquée sur la frégate *la Cybèle*, où on l'appelait tantôt *baron de Vezins*, tantôt *Bruneau*, tantôt *le Royaliste*: ce qui est conforme à la déposition du sieur Maître, dernier témoin, qui se trouvait dans le même détachement, sur la même frégate, et qui le reconnaît parfaitement;

» Attendu que Bruneau a pris soin lui-même d'établir qu'il est la même personne que le déserteur de *la Cybèle* à Norfolck. En effet, c'est lui qui a renouvelé, dans la maison de détention de Rouen, connaissance avec le sieur Chauffard, aujourd'hui soldat dans le 2e régiment d'infanterie de la garde royale, lequel ne le reconnaissait pas d'abord. C'est lui qui lui a rappelé qu'ils avaient été ensemble garçons boulangers à Philadelphie, chez un sieur Audu, et qu'ensuite ils s'étaient encore réunis à New-Yorck, où il était domestique alors dans une pension d'Anglais et d'Américains;

» Attendu que le sieur Chauffard reconnaît aussi parfaitement le prévenu pour être son ancien camarade aux Etats-Unis, déserteur comme lui d'un des bâtimens de l'état, s'étant dit originaire d'un pays voisin de Saumur, et portant le nom de *Charles*, auquel ses sottises faisaient ajouter, en Amérique, l'épithète de *braque*, de *fou*;

» Attendu que du certificat de S. Exc. le ministre de la marine et des colonies, des déclarations des sieurs Maître et Chauffard, et surtout des aveux à l'audience du prévenu, il suit clairement que l'individu débarqué à Saint-Malo en septembre 1815, grondé, frappé même par quelques-uns de ses parens, à raison de son obstination à se faire appeler *Charles de Navarre*, et à se dire ensuite *le Dauphin de France*, *fils de Louis XVI*, est bien le *Mathurin Bruneau*, fils d'un sabotier de Vezins, et beau-frère de Delaunay, également sabotier à Viliers; et qu'enfin, par une conséquence immédiate et nécessaire, cet individu est aussi le même qui, vingt ans auparavant, se dit être le fils du baron *de Vezins* au château d'Angries, et qui, après vérification, se trouva être, comme il est également vérifié être aujourd'hui *Mathurin Bruneau*, né à Vezins en 1784, et beau-frère du sieur Delaunay, de Vihiers;

» Attendu que c'est sous le faux nom et la fausse qualité de *Charles de Navarre*, et aussi en laissant croire à la dame veuve Phelippeau, de Varesnes, qu'il était son fils, parti comme conscrit pour le service des armées; qu'il est venu à bout de se faire regarder et traiter pendant environ quinze jours comme étant ce fils pleuré comme mort; de se faire délivrer une montre d'or, des objets d'habillement et de l'argent;

» Que ce fait d'escroquerie a été reconnu aux débats par Mathurin *Bruneau* lui-même, puisqu'il a eu l'ingénuité de déclarer *très-sérieusement* que la valeur des objets par lui enlevés de la maison Phelippeau s'élevait à 800 fr., et peut-être même à 1000 fr., tandis que cette femme ne la porte qu'à 600 fr.;

» Qu'au lieu de se repentir d'avoir abusé d'une manière aussi criminelle de la sensibilité d'une tendre mère, le prévenu s'est encore permis, quelques mois après l'avoir quittée, de lui faire écrire de Saint-Malo, pour lui demander de nouveaux secours, et la prier de lui faire l'envoi de l'acte de décès du sieur Phelippeau, qu'*il désignait comme étant son père*;

» Attendu que, depuis son entrée à la maison de détention de cette ville, en janvier 1816, *Bruneau* n'a cessé de se dire le *Dauphin de France*, *fils de Louis XVI*, et, sous cette fausse qualification, qu'il appuyait par des actes et des démonstrations aussi coupables que ridicules, de recevoir des effets et des sommes d'argent d'une valeur considérable;

» Attendu que, non content des offrandes de la crédulité, et peut-être aussi de la malveillance, Bruneau a fait écrire à Rouen, comme il l'avait fait à Saint-Malo, diverses lettres dans lesquelles il tentait d'obtenir de nouveaux sacrifices en sa faveur, en promettant à ses dupes des récompenses chimériques;

» Attendu qu'indépendamment des faits d'escroqueries tentés et consommés par Bruneau, il est encore convaincu de s'être rendu coupable du délit prévu par l'article 259 du Code pénal, en s'attribuant publiquement, et même encore pendant les débats, un titre qui n'appartenait qu'au fils du Roi-Martyr.

» Attendu, enfin, que depuis son second départ de la maison du sieur Delaunay, son beau-frère, vers l'année 1799, jusqu'à son engagement dans le 4.e régiment d'artillerie de la marine, en 1804; et notamment depuis sa désertion de la frégate *la Cybèle*, à Norfolk, le 4 décembre 1806, jusqu'à ce jour, Bruneau n'a eu ni domicile certain, ni moyens légitimes d'existence, ce dont il est encore convenu dans son interrogatoire à l'audience d'hier; qu'en conséquence, il doit être déclaré vagabond et condamné comme tel par le jugement à intervenir;

» En ce qui concerne les quatre autres prévenus, traduits comme complices des délits imputés à Mathurin Bruneau;

» Considérant qu'il résulte des débats et des pièces du procès, que le condamné Tourly a aidé le faux Louis XVII dans ses tentatives d'escroqueries, en écrivant et signant pour lui la lettre en date du 12 février 1816, adressée au sieur Vignerat;

» Qu'il est également constant que Tourly, en prêtant sa plume pour écrire des lettres à plusieurs pairs, puis à S. A. R. MADAME, et pour transcrire les prétendus mémoires de l'aventurier, a aidé celui-ci, avec connaissance, dans les faits qui tendaient à accréditer son faux titre royal, et à faciliter les moyens par lui employés pour tenter ou consommer ses escroqueries ;

» Considérant que l'accusé Branzon demeure convaincu des mêmes faits de complicité, puisqu'il est établi qu'il a recueilli et rédigé les fables dictées par Bruneau pour étayer son misérable roman, et qu'en outre, il est l'auteur principal des deux autres lettres destinées à MADAME, et confiées, la première, au sieur de Foulques, et la seconde à la dame Morin, tous deux envoyés successivement à Paris par l'imposteur, en qualité d'ambassadeurs près de l'auguste princesse, dont il osait et ose encore, par une contradiction choquante avec tous les aveux par lui passés, se dire le frère ;

» Considérant que la culpabilité de ces deux prévenus est d'autant plus grande, qu'ils connaissent les vices et la crasse ignorance de celui qu'ils conseillaient et aidaient, et qu'en outre, ils savaient très-bien que Bruneau n'avait puisé son roman que dans l'histoire d'Hervagault, son devancier, et dans le livre du *Cimetière de la Madeleine*, mis dans ses mains par le concierge Libois ;

» Considérant que leur précédente condamnation à une peine afflictive et infamante constitue ces deux prévenus dans le cas de la récidive, prévu par l'article 57 du Code pénal ;

» Considérant, en ce qui concerne la dame Dumont et le sieur abbé Matouillet, qu'il n'est pas suffisamment établi que ces deux prévenus aient aidé, avec connaissance, l'aventurier Bruneau dans les faits tendans à accréditer le faux titre de Roi qu'il persiste à s'attribuer, et à faciliter par là ses moyens d'escroquerie;

» Qu'il n'en résulte pas non plus que la dame Dumont et le sieur abbé Matouillet aient usé de manœuvres frauduleuses pour faire parvenir aux pieds de leur idole les dons de la crédulité et de la sottise;

» Par ces différens motifs et considérations, le soussigné requiert:

» 1° Que le nommé *Mathurin Bruneau*, natif de Vezins, canton de Chollet, arrondissement de Beaupréau, département de Maine-et-Loire, se disant Louis XVII, fils de Louis XVI, soit condamné, comme vagabond et escroc, à la peine de cinq années d'emprisonnement; qu'il soit ordonné qu'après l'expiration de sa peine, il demeurera à la disposition du gouvernement, aux termes de l'article 271 du Code pénal;

» 2° Que les nommés Tourly et Branzon, ses complices, soient condamnés eux-mêmes, et comme récidivistes, à cinq années d'emprisonnement correctionnel, qui ne commenceront à courir qu'après l'expiration de la peine pour laquelle ils sont actuellement détenus;

» 3° Que lesdits Bruneau, Tourly et Branzon, soient condamnés solidairement chacun en trois mille francs d'amende et à la restitution des frais du procès, et par corps;

» 4° Qu'il soit dit qu'il n'y a lieu à l'application d'aucune loi pénale contre la dame Dumont et le sieur abbé Matouillet, lesquels seront déclarés déliés de tous mandats de justice décernés contre eux.

» 5° Et, enfin, qu'il soit accordé acte au soussigné de ses réserves expresses de requérir par la suite, ainsi que de droit, contre les distributeurs et afficheurs des placards incendiaires saisis, dans les mois d'avril et de mai derniers, dans les villes de Rouen et de Darnetal, ainsi que dans les communes de Maromme et Bondeville-lès-Rouen. »

Au moment où M. le procureur du Roi requérait la condamnation aux frais, Bruneau a réparti en riant : *Ah! vous pouvez être bien sûr que je n'en paierai rien de votre procès.* Bruneau oubliait alors qu'il avait des fonds à la banque de France.

Au reproche d'escroquerie, il répond qu'il n'y a point *d'escrocaque* dans sa conduite ; il ajoute un déluge d'injures les plus révoltantes, d'absurdités les plus ridicules, protestant qu'il est le *propre* fils de Louis XVI, qu'il a été proclamé à Toulon, qu'il y avait des lanternes dans la cathédrale ; il assure qu'il est prince, que son nom est sur les matricules, à moins que le duc de Raguse ne l'ait effacé. Mais nous ne ferons pas à nos lecteurs l'injure de croire qu'ils s'intéressent plus long-temps au récit de pareilles sottises, et nous ne les en fatigueront pas davantage.

Audience du 18 février.

L'audience est ouverte à neuf heures et demie.

Me Pottier, avocat de Tourly, a la parole :

On s'attendait, dit en substance Me Pottier, à rencontrer, dans le principal accusé, un homme doué des moyens nécessaires pour soutenir le rôle difficile dont il s'était chargé ; on s'attendait à une accusation grave, dirigée contre un délit important : tout le monde a été trompé. Il ne s'agit plus que de vagabondage, d'escroquerie, et de complicité d'escroquerie. Personne ne s'est présenté pour accuser Tourly. L'instruction a présenté Tourly comme un homme trompé et dupe de sa crédulité ; mais la crédulité n'a jamais été crime : où il n'existe pas de délit, il ne peut y avoir de châtiment.

Bruneau. Je suis Louis XVII, à moins que le pape n'ait pas voulu me reconnaître.

Bruneau, continue Me Pottier, est ici un imbécile; mais il a joué précédemment un autre rôle. M. le lieutenant de police de Saint-Malo, M. le préfet d'Ille-et-Vilaine ont considéré le prévenu comme un homme capable et dangereux. Comment Bruneau est-il arrivé à Bicêtre ? Quel nom porte son écrou ? Bruneau arrive revêtu de titres pompeux, et n'est pas appelé autrement que *Charles de Navarre.* Il se présente aux détenus comme Louis XVII ; il leur fait entendre qu'il est possesseur d'immenses richesses, d'un billet de banque de 500,000 francs ; qu'il a été volé d'un diamant, à lui donné par la princesse de Brésil, et de beaucoup d'autres diamans.

Bruneau. Je ne suis pas orfèvre.

Il est impossible de douter que tout cela n'ait pas produit une forte impression sur l'esprit des détenus ; et vous allez voir que Bruneau a fait des prosélytes autre part que dans la maison de détention. Les journaux avaient annoncé que cette maison renfermait un individu qui se disait Louis XVII...

Bruneau. Je ne suis pas le fils du vieux père Pancrace.

Un sieur Vignerat parvient à le voir ; il est bientôt persuadé que Bruneau est effectivement revêtu des qualités qu'il usurpe ; il lui envoie et lui remet lui-même de l'argent ; et voilà un homme libre, un homme qui peut s'éclairer de l'opinion publique; voilà, dis-je, un homme qui donne dans le piége tendu par Mathurin ; et si Vignerat a été trompé, à plus forte raison les détenus ont-ils pu l'être ? Voila la position de Tourly. Ce dernier écrit une lettre pour le prévenu, et l'y représente comme le personnage auguste dont ce prévenu s'arroge les titres.

Bruneau. Je ne suis pas ecclésiastique. Il pourra s'expliquer avec Talleyrand-Périgord pour se faire dire la messe ; moi, je n'en veux pas de messe ; je ne m'appelle pas Saint Sébastien.

(Ici, l'avocat cite plusieurs personnes qui auraient été trompées comme Vignerat.

M. le président lui fait observer que la plupart de ces noms sont plus que probablement des noms de convention sortis de l'imagination des crédules.)

Tourly a donc pu concevoir des doutes. Tourly a écrit à Vignerat ; mais déjà Vignerat était tombé dans le piége, avait offert et donné à Bruneau de l'argent et des vêtemens : la lettre de Tourly n'a donc pas influencé Vignerat.

Il n'y a donc pas là d'escroquerie. Tourly a écrit pour le prévenu à des pairs de France, à des députés ; mais ces lettres ne tendaient pas à faire verser des sommes d'argent : il n'y a donc pas complicité d'escroquerie. Tourly a écrit des proclamations ; mais il a remis la première copie aux chefs de la maison de détention, et s'il en a fait depuis d'autres copies, elles n'ont pas vu le jour, et Tourly, en les écrivant, ne nourrissait aucune coupable intention. Tourly a été précédemment condamné ; mais la condamnation n'était pas l'effet de l'unanimité des opinions ; les juges étaient divisés, le ministère public lui-même n'avait pas pris de conclusions, et Tourly a peut-être été plus malheureux que coupable.

L'avocat, en se résumant, conclut à ce que son client soit déchargé de l'action intentée contre lui.

Me Dupuis, conseil de Branzon, a la parole.

Ce jeune avocat a plaidé la cause de son client avec un talent très-distingué, une éloquence rapide, entraînante, un débit ferme, plein de chaleur, des moyens clairs, adroitement présentés, soutenus avec force, une heureuse facilité dans la réfutation; ajoutons aussi, un organe plein, mâle et sonore : tels sont les avantages qu'il possède, et qu'il a fait valoir dans son plaidoyer.

« Qu'il est à plaindre, a-t-il dit, l'homme qui se trouve dans l'attitude pénible de celui que je défends ! Tout, jusques à ses actions les plus innocentes, peut donc avoir l'apparence du crime !

» Tel est, hélas ! l'empire presqu'irrésistible de cette défaveur attachée à sa personne !

» Mais, pour cela, la loi toujours bienveillante ne l'abandonne pas ; elle ne veut point que celui même qu'elle a puni, reste sans défense s'il devient l'objet d'une nouvelle accusation.

» Et c'est à l'aide de cette protection toute généreuse, c'est à l'aide de cet égide dont elle le couvre, que l'infortuné qui n'est que la victime, ou de l'injustice, ou d'une condamnation trop rigoureuse, peut avoir au moins la consolation (ce bien qu'on n'a pu lui ravir) de rappeler à lui l'intérêt, la pitié de ceux qui tremblent, en le voyant, à l'aspect des dangers qui le menacent encore !

» S'il en est ainsi, pourrait-on me blâmer de défendre celui que la loi protège elle-même ?

» Pourra-t-il s'élever contre moi le plus léger murmure, lorsque je puis proclamer dans la franchise, dans la noblesse de cette indépendance, où je pose et mon orgueil et ma félicité, que si des hommes aussi éclairés que ceux devant lesquels j'ai l'honneur de porter la parole, eussent été naguères appelés à prononcer dans cette cause si déplorable où l'infortune de mon client fut portée à son comble, Branzon ne serait pas sans doute en ce jour exposé aux rigueurs qui l'accablent? Du moins, si Branzon méritait d'être frappé du sceau de la réprobation, seul il n'en eût pas été atteint; seul, il ne supporterait pas aujourd'hui la honte de tous!

» N'en doutons pas, la justice eût été entière, et les plus coupables n'auraient pu, à la faveur ou de l'intrigue ou de leur rang, échapper à la sévérité des lois!

» Cette vérité qu'il m'est pénible de retracer, à quels souvenirs funestes reporte-t-elle mes esprits!

» Mais, Branzon, vous le savez, voilà vos titres à mon intérêt; voilà ce qui me fait embrasser votre défense!

» Oui, je vous défendrai avec d'autant plus d'assurance, que je sais qu'aux yeux de vos juges, vous êtes plus malheureux que criminel!

» Oui, je vous défendrai avec d'autant plus d'assurance, que vous ne leur inspirez point une pitié stérile!

» Oui, je vous défendrai, avec la conviction que je ne fais rien contre l'honneur, contre ma conscience, et que cette accusation qui pèse sur votre tête, doit s'évanouir comme cette fumée légère qu'un souffle plus léger encore dissipe facilement.

» L'ai-je bien entendu? On fait un crime à Branzon de s'être amusé quelques instans de celui qui, depuis dix jours entiers, est le digne objet de la risée publique!

» On lui suppose une crédulité qui n'aurait eu pour base, en réalité, que l'attachement inviolable qu'il a voué, depuis sa naissance, à la famille des Bourbons.

» On connaît ses sentimens invariables ; je ne crains pas d'en appeler à l'opinion publique.

» Deux fois il a pensé succomber, victime de son dévouement, sous la hache révolutionnaire.

» Dirai-je qu'en l'an 7, le 19 pluviôse, il fut traduit devant une commission militaire, accusé d'émigration ?

» Quoiqu'acquitté, on le retint dans les cachots; et que ses persécuteurs changeant le texte de l'accusation, il fut bientôt après, le 16 prairial, renvoyé devant la cour criminelle de la Seine, atteint d'une nouvelle prévention ?

» Il fallait du sang ! et celui de Branzon allait couler.

» Soupçonné comme conspirateur, comme ayant pris part à l'enthousiasme des Toulonnais, qui avaient, en 1793, arboré la bannière qui devait se déployer sous le règne de Louis XVII ! ! ! ... (l'infortuné dauphin existait encore.)

» Que d'angoisses ! que de douleurs ! Pendant sept heures, incertain sur le sort qui l'attendait, ce malheureux n'a pour compagne que l'image de la mort, ou plutôt la mort elle-même, qui, le pressant d'une main glacée, lui indiquait de l'autre le gouffre de l'éternelle nuit, où elle semblait vouloir l'entraîner ! ! !

» Voilà l'homme pourtant qu'on accuse ! Voilà l'homme dont le caractère ainsi que la fidélité à la cause des Rois ne se sont jamais démentis !

» J'expliquerai sa conduite, j'établirai que si le doute a pu, pendant quelques instans, s'emparer de ses esprits, bientôt l'illusion a disparu ; bientôt il n'a fait que rire de ce qui ne peut être en effet qu'une simple plaisanterie.

Me Dupuis passe à l'accusation et à la précise. Il donne lecture des articles du Code qui définissent l'escroquerie et la complicité d'escroquerie, discute et combat, les uns après les autres, les chefs d'accusation. Ici, l'avocat s'appuie de l'opinion de M. Marchangy dans une affaire de la même nature, et reproduit en partie les moyens développés par Me Pottier ; il se plaint de la fatalité attachée à la personne de son client ; fatalité, dit-il, qui veut que Branzon, victime d'un jugement rigoureux, soit atteint, jusque dans le séjour du malheur, des traits empoisonnés de la calomnie.

» N'attribuons, s'écrie l'avocat, n'attribuons qu'à la calomnie d'un libelliste peu délicat sur le choix de la pâture qu'il faut à son avidité, le nouveau malheur qui accable aujourd'hui mon client.

» Un famélique écrivain, un être qui jadis persécutait avec fureur les ministres de Dieu non assermentés, qui de nos jours s'est proclamé le fidèle ami du Roi, s'est permis de signaler Branzon à l'opinion publique, comme l'agent, le protecteur du fourbe qui frappe en ce moment vos regards.

» Rien n'a été respecté ; la vérité a été violée! Branzon, a-t-il osé dire, travaillait avec Tourly et Larcher à la rédaction des mémoires ; quand il est matériellement établi que Branzon n'a pas rédigé de mémoires, ne s'est jamais trouvé en relation avec Tourly et Larcher! L'entrée de Branzon dans la maison de détention est à la date du 5 décembre, et, dès le mois de novembre précédent, Tourly avait été transféré à Gaillon, et Larcher avait péri dans les flammes!

» Le voilà, cet historien fidèle, cet homme qui a bientôt épuisé tous les états! Mais, ce n'est point une illusion, il me semble voir son ombre errer dans cette enceinte, dont il a été si honteusement chassé ! Je vois cette ombre couverte de sa toge, dont notre barreau l'a dépouillé !.... »

Me Dupuis se résume en insistant sur l'impossibilité de constater l'escroquerie, et sur le sentiment qui a dirigé Branzon dans toute cette affaire; sentiment qui prend sa source dans son inviolable attachement à la famille des Bourbons.

Me Méjean prend ensuite la parole pour la dame Dumont.

Cet avocat avait peu d'efforts à faire, le ministère public n'ayant lui-même établi aucun chef d'accusation contre cette dame. Me Méjean a établi toutefois que sa cliente n'avait écouté que la voix de la bienfaisance et de l'humanité, en portant des secours à celui qui se disait Louis XVII.

Séance du 19 février.

Dans la séance du 19, les huit accusés ayant été introduits, M. le président a recommandé le plus profond silence, et a prononcé le jugement en ces termes :

» Considérant qu'il est certain qu'un individu né à Vezins (*Bruneau* : Né à Versailles), le 10 mai 1784, y fut nommé Mathurin, issu de légitime mariage de Mathurin Bruneau et de Jeanne Téniers sabotiers de Vezins ; qu'il eut pour parrain, René Prud'homme, et pour marraine Jeanne Bruneau, sa sœur, présentement femme Delaunay, alors et actuellement sabotiers à Vihiers.

» Attendu qu'il est établi, de la manière la plus lumineuse et la plus positive, par les pièces du procès, le débat et les reconnaissances même du prévenu, qu'il est le même individu que celui qui est né à Vezins le 10 mai 1784, et qui a été porté sur les registres de l'état civil de cette commune à ladite époque, sous le nom de Mathurin, fils de Mathurin Bruneau et de Jeanne Téniers.

» Attendu que le prévenu, présentement bien connu pour être Mathurin Bruneau, né à Vezins le 10 mai 1784, s'est présenté en 1815 chez la veuve Phelippeau de Varesnes, sous le nom de Charles de Navarre, et qu'en laissant croire à cette mère qu'il était son fils (parti comme conscrit pour les armées), il est parvenu, pendant les trois semaines environ qu'il est resté chez elle, à s'y faire traiter comme le fils de la maison, et à lui escroquer, en nourriture, habillement, argent et montre en or, une valeur de 6 à 800 francs;

» Que non content de ce premier succès, il tenta de nouveau, infructueusement, de lui escroquer encore de l'argent, en lui faisant écrire de Saint-Malo pour lui demander encore des secours, avec invitation de lui faire parvenir l'acte de décès du sieur Phelippeau son mari, qu'il désignait comme étant son père;

» Attendu que depuis ce temps ledit Bruneau a continué de s'appeler et de se faire appeler publiquement, même dans la maison de détention, et jusqu'à ce jour, Charles de France, dauphin, le fils de Louis XVI; ce qu'il a réitéré souvent pendant le cours des débats;

» Attendu que c'est à l'aide de ces faux noms et titres, ainsi que de ces fausses qualités, par lui pris publiquement, qu'il a abusé de la crédulité d'un gand nombre de personnes, et qu'il est parvenu à leur escroquer des habillemens et des sommes considérables en argent;

» Attendu que ledit Bruneau est, depuis nombre d'années, sans moyens d'existence, qu'il n'exerce aucun métier ou profession, et qu'il est sans domicile;

» Attendu enfin que, pendant le cours des débats, il a traité de brigands les membres du tribunal étant en séance publique ;

» En ce qui concerne Branzon :

» Attendu que les faits qui pourraient faire considérer Branzon comme le complice des escroqueries de Bruneau, ne sont pas prouvés ;

» Mais qu'il est établi d'une manière suffisante qu'il a aidé à persuader avec connaissance que Mathurin Bruneau était le fils de Louis XVI, notamment en faisant le canevas de deux lettres destinées à être remises à MADAME, dont l'une fut confiée au sieur de Foulques, et l'autre à la dame Morin ;

» Attendu enfin que ledit Branzon a précédemment été condamné pour crime ;

» A l'égard de Tourly, la femme Dumont et le sieur Matouillet :

» Attendu qu'il n'existe point de charges suffisantes pour déclarer le sieur Tourly et la dame Dumont coupables des faits qui leur sont imputés, et pour lesquels ils sont traduits, et qu'il n'y en a aucune contre le sieur Matouillet ;

» En vertu des articles 259, 405, 222, 270, 271, 52, 55, 57, 59, 50 du Code pénal, dont lecture a été donnée par M. le président ;

» Le tribunal, après avoir entendu l'exposé de la cause fait par le procureur du Roi, les témoins en leurs déclarations, les prévenus en leurs réponses, le procureur du Roi en son résumé, conclusions et réquisitoires, et les prévenus en leurs moyens de défense, tant par eux-mêmes que par leurs conseils;

» Après en avoir délibéré, les voix recueillies en la chambre du conseil, conformément à la loi, en présence seulement de M. Lefort, juge suppléant ;

» Reprenant le délibéré prononcé le jour d'hier,

» Déclare Mathurin Bruneau coupable, 1.° de vagabondage ; 2.° de s'être attribué publiquement des titres royaux, même pendant les séances et les débats, en disant qu'il était Charles de Navarre, le fils de Louis XVI, et Louis XVII ; 3.° d'avoir (en faisant usage de faux noms et de fausses qualités, et en faisant naître l'espoir de succès et d'événemens chimériques, en employant des manœuvres frauduleuses) escroqué des effets, habillemens et des sommes considérables en argent, à plusieurs individus; 4.° d'avoir, enfin, outragé pendant le débat de cette cause, les membres de ce tribunal, étant dans l'exercice de leurs fonctions et à l'audience publique ;

» Déclare Gabriel-Louis Branzon complice de Bruneau, à raison des faux titres royaux que ledit Bruneau s'est induement attribués ; mais qu'il n'est pas complice des escroqueries dudit Bruneau ;

» En ce qui touche Pierre Tourly, Rose Avenel, femme Dumont, et le sieur Matouillet,

» Déclare qu'il n'existe pas de charges suffisantes contre Tourly et la dame Dumont pour leur faire l'application de la loi, et qu'il n'y en a aucune contre le sieur Matouillet ;

» En conséquence, faisant l'application des articles de la loi précitée, dont lecture a été donnée par le président,

» Le tribunal condamne Mathurin Bruneau, né à Vezins, le 10 mai 1784, en trois mille francs d'amende envers le gouvernement, à garder prison l'espace de cinq années, à raison des faits pour lesquels il a été traduit, et en deux autres années aussi d'emprisonnement, à raison de sa conduite pendant les débats et ses outrages envers le tribunal en séance ; lesquelles deux années ne commenceront à courir, qu'à partir de l'expiration des cinq premières ; ordonne qu'à l'expiration de sa peine, il restera à la disposition du gouvernement pendant le temps qu'il déterminera ; eu égard à sa conduite, le condamne, en outre, à la restitution des trois quarts des dépens ; lesdits dépens et l'amende pourront être poursuivis par corps, solidairement avec Branzon pour les dépens seulement; et vu que ledit Bruneau paraît être déserteur, ordonne qu'il en sera donné avis à l'autorité compétente, pour agir à son égard ainsi que de droit ;

» Condamne Branzon (Gabriel-Louis), âgé de cinquante ans, ancien régisseur de l'octroi de Rouen, détenu dans la maison de détention de cette ville, condamné à cinq ans de travaux forcés, par arrêt de la cour d'assises de Rouen, le 6 février 1816, en deux années d'emprisonnement et au quart des dépens, dont la restitution pourra être poursuivie par corps et solidairement avec Bruneau.

» En ce qui touche Pierre Tourly, âgé de 43 ans, ex-huissier, né à la Landelle, détenu à la maison de Gaillon, condamné en dix ans de réclusion le 12 novembre 1815; Rose Avenel, femme de Pierre-Aubin-Grégoire Dumont, marchand de toiles à voiles à Rouen, rue Ganterie, n.° 46; les met hors procès, les délie de tous mandats contre eux décernés à raison de la présente action; ordonne leur mise en liberté, si pour autre cause ils ne sont détenus ; déclare définitive la mise en liberté provisoire accordée à la dame Dumont, et ordonne que les mille francs de cautionnement par elle déposés, lui soient restitués ;

» Donne au surplus défaut sur le sieur Matouillet, âgé de 50 ans, demeurant à Rouen, rue des Bons-Enfans, l'acquitte de l'action et le délie de tous mandats décernés contre lui à l'occasion de ce procès.

» Accorde au surplus acte au procureur du Roi de ses réserves, et l'autorise à en suivre l'effet, ainsi qu'il le jugera convenable, relativement aux placards et affiches dont il est question dans ses conclusions écrites ».

Bruneau a fréquemment interrompu la lecture de son arrêt, par des phrases entrecoupées de la même nature et dans le même sens que celles que ont été recueillies pendant les débats. On a remarqué seulement qu'à l'article des cinq ans d'emprisonnement, il s'est écrié qu'il passerait en Angle terre.

Les coaccusés acquittés ont paru entendre leur jugement avec une vive émotion.

www.ingramcontent.com/pod-product-compliance
Lightning Source LLC
Chambersburg PA
CBHW071451200326
41519CB00019B/5700

* 9 7 8 2 0 1 1 2 6 9 7 3 7 *